오키나와 입문

아시아를 연결하는 해역 구상

지은이

하마시타 다케시(浜下武志, Hamashita Takeshi)
1943년 출생. 도쿄대학 문학부 졸업 후, 도쿄대학 대학원에서 석사와 박사과정을 졸업했다. 도쿄대학 동양문화연구소 교수, 교토대학 동남아시아 연구센터 교수, 류코쿠대학 교수, 중국 중산(中山)대학 아태연구원 원장 등을 거쳐, 현재 시즈오카 현립대학 글로벌지역센터 센터장, 도쿄대학 명예교수. 그 밖에 홍콩중문대학, 싱가폴국립대학, 서울대학교 등에서도 강의하였다. 중국사회경제사학계의 세계적 학자로, 연구 분야는 중국 사회경제사, 동아시아경제사, 동아시아 화교사, 오키나와 역사를 아우른다. 대표작으로 본서 외에『조공시스템과 근대 아시아』,『홍콩-아시아의 네트워크 도시』,『화교ㆍ화인과 중화망-이민ㆍ교역ㆍ송금네트워크의 구조와 전개』등이 있다.

옮긴이

임상민(林相珉, Lim Sang-Min)
1976년 출생. 한남대학교 일어일문학과를 졸업 후 일본 규슈대학에서 석사ㆍ박사과정을 졸업했다. 논저로는『전후 재일조선인 마이너리티 미디어 해제 및 기사명 색인』(1~3권, 박문사, 2020, 공저),『전후 고도경제성장과 재일조선인 서사』(신아사, 2018),「동북아 해역의 서적 유통 연구」(일본근대학연구, 2018),「일본 제국 지역신문의 조선 '지역판' 연구」(일본근대학연구, 2016) 등이 있다. 현재 동의대학교 일본어학과 조교수로 재직중이다.

이상원(李尙原, Lee Sang-Won)
1976년 출생. 일본 나가사키국제대학 국제관광학과를 졸업 후 부경대학교 대학원 석사ㆍ박사과정을 졸업했다. 논문으로는「일본어동사의 재귀성에 관한 고찰」(2009),「『再帰構文』の態構文における動作主体の機能」(2010),「所有関係を表す「再帰構文」の一考察」(2011),「所有関係を表す両構文の比較分析」(2012) 등이 있다. 현재 부경대학교 인문사회과학연구소 HK연구교수로 재직중이다.

오키나와 입문 아시아를 연결하는 해역 구상
초판인쇄 2021년 10월 20일 **초판발행** 2021년 10월 30일
지은이 하마시타 다케시 **옮긴이** 임상민ㆍ이상원 **펴낸곳** 소명출판 **출판등록** 제13-522호
주소 06643 서울시 서초구 서초중앙로6길 15, 2층
전화 02-585-7840 **팩스** 02-585-7848 **전자우편** somyungbooks@daum.net **홈페이지** www.somyong.co.kr

값 22,000원 ⓒ소명출판, 2021
ISBN 979-11-5905-608-6 93910

이 책은 2017년 대한민국 교육부와 한국연구재단의 지원을 받아 수행된 연구임(NRF-2017S1A6A3A01079869).

부경대학교 인문사회과학연구소
해역인문학 번역총서 / 07 /

오키나와 입문

아시아를 연결하는 해역 구상

하마시타 다케시 지음 | 임상민 · 이상원 옮김

Introductory Texts of Okinawa

발간사

 부경대학교 인문사회과학연구소와 해양인문학연구소는 해양수산 교육과 연구의 중심이라는 대학의 전통과 해양수도 부산의 지역 인 프라를 바탕으로 바다를 중심으로 하는 인간 삶에 대한 총체적 연구 를 지향해 왔다. 바다와 인간의 관계에서 볼 때, 아주 오랫동안 인간 은 육지를 근거지로 살아왔던 탓에 바다가 인간의 인식 속에 자리잡 게 된 것은 시간적으로 길지 않았다. 특히 이전 연근해에서의 어업활 동이나 교류가 아니라 인간이 원양을 가로질러 항해하게 되면서 바 다는 본격적으로 인식의 대상을 넘어서 연구의 대상이 되었다. 그래 서 현재까지 바다에 대한 연구는 주로 과학기술이나 해양산업 분야 의 몫이었다. 하지만 인간이 육지만큼이나 빈번히 바다를 건너 이동 하게 되면서 바다는 육상의 실크로드처럼 지구적 규모의 '바닷길 네 트워크'를 형성하게 되었다. 그리고 이 해상실크로드를 따라 사람, 물자, 사상, 종교, 정보, 동식물, 심지어 병균까지 교환되게 되었다.

 이제 바다는 육지만큼이나 인간의 활동 속에 빠질 수 없는 대상이 다. 바다와 인간의 관계를 인문학적으로 점검하는 학문은 아직 정립 되지 못했지만, 근대 이후 바다의 강력한 적이 인간이 된 지금 소위 '바다의 인문학'을 수립해야 할 시점에 이르렀다. 하지만 바다의 인 문학은 소위 '해양문화'가 지닌 성격을 규정하는 데서 시작하기보다 더 현실적인 인문학적 문제에서 출발해야 한다. 그것은 한반도 주변 의 바다를 둘러싼 동북아 국제관계에서부터 국가, 사회, 개인 일상의 각 층위에서 심화되고 있는 갈등과 모순들 때문이다. 이것은 근대이후 본격화된 바닷길 네트워크를 통해서 대두되었다. 곧 이질적 성격의 인간 집단과 문화가 접촉, 갈등, 교섭해 오면서 동양과 서양, 내셔널과 트랜스내셔널, 중앙과 지방의 대립 등이 해역海域 세계를 중심으로 발생했던 것이다.

다시 말해 해역 내에서 인간(집단)이 교류하며 만들어내는 사회문화와 그 변용을 그 해역의 역사라 할 수 있으며, 그 과정의 축적이 현재의 상황으로 나타난다고 할 수 있다. 따라서 해역의 관점에서 동북아를 고찰한다는 것은 동북아 현상의 역사적 과정을 규명하고, 접촉과 교섭의 경험을 발굴, 분석하여 갈등의 해결 방식을 모색토록 하며, 향후 우리가 나아가야 할 방향을 제시해주는 하나의 방법이라고 할 수 있다. 개방성, 외향성, 교류성, 공존성 등을 해양문화의 특징으로 설정하여 이를 인문학적 자산으로 상정하고 또 외화하는 바다의 인문학을 추구하면서도, 바다와 육역陸域의 결절 지점이며 동시에 동북아 지역 갈등의 현장이기도 한 해역을 연구의 대상으로 삼아 실제적으로 현재의 갈등과 대립을 해소하는 방안을 강구하고, 나아가 바다와 인간의 관계를 새롭게 규정하는 '해역인문학'을 정립할 필요성이 여기에 있다.

이러한 인식하에 본 사업단은 바다로 둘러싸인 육역들의 느슨한 이음을 해역으로 상정하고, 황해와 동해, 동중국해가 모여 태평양과 이어지는 지점을 중심으로 동북아해역의 역사적 형성 과정과 그 의의를 모색하는 "동북아해역과 인문네트워크의 역동성 연구"를 제안한다. 이를 통해 우리는 첫째, 육역의 개별 국가 단위로 논의되어 온 세계를 해역이라는 관점에서 다르게 사유하고 구상할 수 있는 학문적 방법과 둘째, 동북아 현상의 역사적 맥락과 그 과정에서 축적된 경험을 발판으로 현재의 문제를 해결하고 향후의 방향성을 제시하는 실천적 논의를 도출하고자 한다.

부경대 인문한국플러스사업단이 추구하는 소위 '(동북아)해역인문학'은 새로운 학문을 창안하는 일이다. '해역인문학' 총서 시리즈는 이와 관련된 연구 성과를 집약해서 보여줄 것이고, 또 이 총서의 권수가 늘어가면서 '해역인문학'은 그 모습을 드러낼 수 있을 것으로 기대한다. 끝으로 '해역인문학총서'가 인간과 사회를 다루는 학문인 인문학의 발전에 기여할 수 있는 하나의 씨앗이 되기를 희망한다.

부경대 인문한국플러스사업단 단장 손동주

차례

류큐·오키나와의 지정학적 위치

자연 지리적인 크고 작음의 문제가 아닌 아시아의 해양 아이덴티티를 생각한다는 측면에서 류큐·오키나와가 공헌한 네트워크의 역할은 대단히 중요하다. 18세기의 서양 국가와 국가간 관계를 기술할 때 내륙을 중심으로 하고 북에 비중을 둔 역사관을 상대화하며 해역의 역할에 주목하기 위해서는, 기존의 북고남저北高南低의 이해를 역전시키고 북을 중심으로 한 지도를 회전하여 해역의 중요성을 생각해 볼 필요가 있다.

〈그림 1〉과 같이 류큐·오키나와의 위치를 보면, 그곳이 동중국해의 주변부를 구성하며 일찍이 동중국해와 남중국해를 연결하는 중개적 작용을 수행하고 있었다는 사실을 이해할 수 있다. 더욱이 남서제도를 중심으로 하는 도서島嶼가 대륙 가까이의 해역에 접해 있을 뿐 아니라, 태평양을 향해서도 열려 있다는 사실을 알 수 있다. 이른바 쿠로시오 해류의 역할이다. 역사적으로 이 쿠로시오 해류는 인간의 힘

으로 감당할 수 없을 정도의 힘을 내재하고 있었다. 그러나 19세기에 접어들면서 홍콩과 캘리포니아를 연결하는 태평양 항로가 이곳 쿠로시오 해류를 이용해 설립되면서, 나하와 나가사키는 고베와 요코하마를 대체하게 되었다.

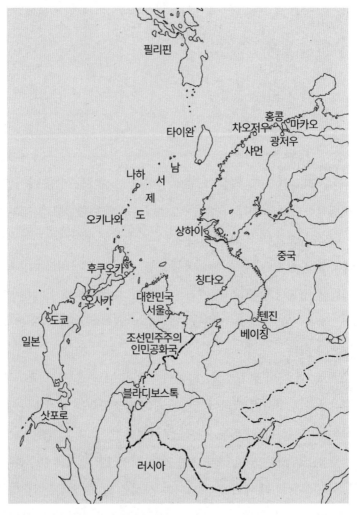

〈그림 1〉 남고북저도와 오키나와의 위치

류큐와 바다의 아이덴티티

오키나와는 류큐왕국을 거슬러 올라간 머나먼 고대에서부터 중국 화남華南과 규슈를 견제하는 남중국해와 동중국해의 교차점에 위치하고 있었고, 바다의 이해와 이로움을 끊임없이 바라보며, 그것들을 육지로 계속해서 제공해 왔다. 그리고 이러한 오키나와의 바다에 대한 이해는 현재 아시아 태평양 시대를 맞이하여, 즉 바다 시대의 새로운 도래로 인해 바다의 보전과 활용이라는 미래적이며 인류적 과제에 그 중요성이 한층 더해가고 있다고 생각된다.

더불어 1997년 7월에는 홍콩의 중국 복귀가 실현되어 1국 2제도라는 포스트 국가를 예측 가능케 하는 지역이 등장했다. 이러한 시점에서 역사를 돌이켜 보면, 오키나와에는 끊임없이 두 개 또는 복수의 통치와 운영 원칙이 병존하고 있었다고 볼 수 있다. 경우에 따라서 다多제도적이고, 다多주권적이며, 다多외교적인 상황이 있었다.

먼저 류큐왕국 시대에 류큐는 중국과 조공 무역을 할 때 동남아시아로 사절을 파견하여 본국에서는 생산되지 않는 후추와 소목蘇木을 입수해서 중국으로 전해 주었다. 17세기 초 사쓰마의 침공이 시작된 이후부터는 청조에 대한 조공 사절의 파견은 유지하는 한편, 일본에도 에도에 사절을 파견했다. 조선과의 관계 역시 무시할 수 없다. 한편 19세기 후반 이른바 류큐처분을 시작으로 하는 일본 시대에도 많은 일본문화 정책이 본토에서 전해져 오키나와 스스로가 일본화를 주장하기도 했지만, 오키나와의 역사적인 민속과 습관은 굳건히 유지되어 왔다. 더욱이 제2차 세계대전을 거치고 미국의 지배하에 들어간 이후에도 오키나와는 일본과의 관계를 유지하면서 오키나와 사회를 지탱해 왔다. 1972년의 이른바 본토 복귀 후에도 일본과의 관계를 강화하면서 기지基地 경제 문제를 껴안아 왔다.

이와 같이 류큐·오키나와의 역사는 스스로 내부에 다원적 원칙 또는 복수의 관계를 병존시킴으로써, 지역간 관계의 균형을 만들어내는, 지극히 기나긴 역사 속에서 배양된 독자적인 교섭력을 가지고 있다. 이것은 우치난추ウチナンチュ-1의 내외 네트워크 연계에 의해 유지되고 있다고도 말할 수 있을 것이다. 또한 오키나와는 역사적으로 일본과 아시아를 연결하는 중계점이었다. 이것은 역사적으로 적극적인 의미에서도 또 소극적·비극적인 의미에서도 오키나와는 일본과 아시아의 관계를 비추어내는 역할을 해 왔다는 것을 의미하고 있다. 특히 제2차 세계대전 이후의 경험은 이를 잘 보여주고 있다. 그러므로 일본이 아시아를 사유할 때, 오키나와의 위치와 역할을 충분히 고려하지 않으면 안 된다. 다음으로 오키나와의 지정학적인 위치를 생각해보면, 바다와 육지를 연결하는 중계점으로서의 역할을 다하고 있다는 사실을 알 수 있다. 특히 아시아태평양 시대의 도래에 즈음하여, 국가와 국가 사이의 연계라는 측면보다 오히려 바다 시대의 과제와 가능성을 제시한다는 측면이 문제가 될 때, 지금이야말로 바다를 둘러싼 해양 보전·해양 자원·해양형 경제 등 바다에 대한 이해를 통해 근거를 보장받고 있고, 바다와 육지를 연결하고 있는 오키나와의 역할을 장기적으로 생각할 필요가 있을 것이다.

---

1 역주: 오키나와 방언으로, '오키나와 사람'이라는 뜻이다.

국민 경제의 틀속에서 경제적인 발전과 공업화, 그리고 생산력 향상을 목표로 해 온 20세기의 '북'으로부터의 논리는 아시아와 일본을 연결하는 바다, 오키나와가 제기한 해역에 근거한 새로운 문화 지리적 아이덴티티를 통해 탈구축될 필요가 있다는 과제가 남는다.

이러한 문제의 확장성 속에서 오키나와의 도민성島民性을 어떻게 해석하면 좋을까. 예를 들면, 열대적 성격은 사회성에 어떠한 영향을 미치는가 하는 과제도 지정학적 오키나와를 해석하는 중요한 시점이다. 또한 오키나와가 일본 남방·남양 정책의 하나의 최전선에 위치했다는 사실과 역사 지리적인 특징은 어떠한 관계가 있는지, 또는 일본 정부의 해양 정책 속에서 오키나와의 바다는 어떠한 위치와 역할을 가지며, 동시에 그것이 오키나와의 지정학적 특징과 합치했는지 등도 검토해야 하는 과제이다. 류큐·오키나와의 역사 공간은 '일본' 속에서 간단히 해결할 수 없는 확장성과 독자적인 준칙을 가지고 있었다는 사실을 강하게 느끼고 있기 때문이다.

오키나와의 위치

역사적으로 류큐·오키나와는 일본과 중국, 일본과 아시아, 더 나아가 일본과 동남아시아를 연결하는 네트워크의 역할을 수행해 왔다. 현재의 오키나와는 일본과 미국, 동아시아와 미국의 국제관계 및 안전보장 문제를 둘러싼 중층적 초점에 위치하고 있다. 그러나 오키나와는 종래 스스로 해양문화를 기초로 해서 만들어 온 해역 세계에 입각하여 현재 진행되고 있는 글로벌라이제이션의 파도 속에서 앞으로 한층 더 독자적인 역할을 수행해 나갈 것으로 예상된다. 이러한 과거·현재·미래의 류큐·오키나와의 위치와 역할은 일본과의 관계뿐만 아니라 동아시아 지역간 관계, 더 나아가 아시아와 미국의 관계, 글로벌라이제이션과 로컬라이제이션의 움직임 속에서 앞으로 한층 더 그 중요성이 강조될 것으로 예상된다.

류큐·오키나와는 먼저 역사적으로 볼 때, 동아시아 조공국의 하나로서 명청 이래 류큐왕조는 중국에게 조공 사절을 파견해 왔다. 또 1609년 사쓰마의 침공으로 사쓰마에 복속된 이후 류큐는 정기적으로 막부에 사절을 파견해 왔다. 이러한 일본과 중국 사이에서 오키나와의 국제관계는 일본을 동아시아의 국제 질서 속에 실질적으로 위치시키는 중요한 역할을 수행했다고 볼 수 있다. 1879년 류큐처분 이후 일본 시대에 오키나와는, 한편으로는 국가 형성의 기조 아래에서 일본 속으로 편입되어 가는 움직임을 보였지만, 동시에 역사적·전통적인 오키나와 문화의 유지·주장을 계속하고 있었다. 더욱이 1945년 이후 미국 시대에 접어들면서 오키나와는 일본과의 연계를 강화하면서 1972년에 이른바 본토 복귀를 확정짓게 되었다. 그러나 오키나와는 일관되게 그 정치 지리적인, 경제 지리적인 특징을 나타내고 있다. 이와 같은 오키나와 사회가 가지는 특징은 일본과 중국에 그치지 않고, 한반도와 대만, 나아가 동남아시아를 포함한 다양한 물적, 인적, 정보의 연계를 매개해 왔다.

다음으로 오키나와는 일본과 미국 사이에서 방대한 군사기지를 전제로 한 정치 경제의 운영을 강요당하고 있다. 오키나와와 일본의 관계 속에서 논의되는 오키나와의 군사기지 문제는 당연히 일본 본토로부터의 또는 중앙 정부로부터의 오키나와에 대한 대책으로 나타나고 있기는 하지만, 이것은 오키나와에만 방대한 군사기지가 존재한다는 문제에 관해 무엇 하나 해결책이 되지는 못한다. 오키나와의 일본에 대한 관계는 단순히 양자관계에 머무르지 않고, 남북 베트남 문제, 대륙과 대만의 관계, 또는 한반도의 남북관계라고 하는 확장성을 내포하게 된다. 이러한 문제는 제각각 냉전 이후의 분단국가로서의 역사를 국내 문제로 처리하고, 민족통일 문제로서 처리해야 한다고 하는 각국의 국내 문제로서 논의되어 왔다. 그러나 실제로는 지금까지의 국내 문제가 커다란 국제 문제로서 존재했다는 사실이다. 국제 문제로서 지금까지의 국내 문제를 이해함에 따라 오키나와 문제는 일본과 오키나와, 또는 일본과 미국 간의 문제로서만 아니라, 오히려 동아시아 전체를 둘러싼 국제관계의 변화 과정 속에서 비로소 논의되고 또 그 적절한 위치가 설정되어야할 것이다.

셋째, 오키나와가 가지는 전통적인 기반 사회의 특징과 현재의 글로벌라이제이션 속에서 오키나와의 위치를 생각해 보도록 하자. 국가가 지역화·지방화와 동시에 지구화라는 양극 분화 현상을 나타내고 있는 가운데, 지금까지의 국가를 중심으로 한 국제관계가 결국에는 지역적인 문제, 혹은 지방적인 문제를 충분히 고려하지 못했다고 하는 역사를 돌이켜볼 때, 오키나와는 하나의 지역이 가지는 지방문화로서의 해석 방식을 제시할 수 있다. 또한 경제 생산의 발전 또는 소비 증가라는 측면에서만 논의되어 온 경제발전에 대해서, 오키나와 경제가 가지는 비소비적인 측면, 혹은 이민으로부터의 송금을 어떠한 방식으로 가계 경제 속에 반영시켜 나갈 것인지에 대한 문제 등을 생각함으로써, 앞으로 지역 사회가 나아가야 할 하나의 모델을 생각할 수 있을 것이다.

이와 같이 과거·현재·미래에 걸쳐 오키나와 또 류큐는 끊임없이 주변의 압력을 받으면서도 네트워크 모델로서 스스로를 다각적으로 외부와 연결시켰고, 이를 통해 정치 경제 관계를 경영해 왔다. 여기에서 확인할 수 있는 바다를 무대로 한 오키나와의 역사적인 역할은 다시금 재평가될 필요가 있을 것이다.

육지의 오키나와, 바다의 오키나와

지리, 즉 육지의 도리와 원리가 있다고 한다면, 해리海理 즉 바다의 도리와 원리가 있어도 좋을 것이다. 육지의 이로움이라는 표현이 있다고 한다면, 당연히 바다의 이로움을 상상해도 좋다. 지구가 육지를 의미한다고 할 때, 지구 표면적의 72%를 바다가 점유하고 있다는 사실을 생각해 보면, 수구水球와 해구海球라고 부르는 것이 오히려 적합하다.

하지만 지금까지의 오키나와 연구·류큐 연구는 반드시 이와 같은 바다의 역사적 문제에 입각한 것이 아니었다. 필자가 본서에서 특히 강하게 의식하고 있는 것은 류큐·오키나와 역사를 해역의 시점에서 재조명함으로써, 현재와 미래에 걸친 새로운 지역상을 사유할 수 있는 근거를 제공하는 것이다.

류큐·오키나와 역사를 내셔널 히스토리의 입장에서 기술하는 시도는 최근에 다양하게 진행되고 있다. 먼저 아라시로 도시아키新城俊昭가 저술한『고등학교 류큐・오키나와사』東洋企劃, 1997를 살펴보도록 하자. 이 책에서는 류큐・오키나와사가 통치 제도와 통치 기구의 변화 측면에서 기술되어 있고, 시대 구분이 이루어져 있다. 이러한 류큐・오키나와사는 지금까지 국학의 방법론에 기초한 정권사를 이해한다는 측면에서 충분히 학습해야 하는 것은 분명하다. 그러나 본서가 시도하려고 하는 해역사의 시점에서 류큐・오키나와를 이해하기 위해서는, 또 하나의 지역사를 넘어 류큐・오키나와 세계가 발신하고 있는 현대 세계의 가치 기준과 포스트 국가 시대를 향한 메시지에 귀를 기울이기 위해서는, 이러한 내셔널 히스토리로서의 류큐・오키나와사와는 다른 시각이 요구되고 있다고 생각한다. 여기에는 먼저 류큐・오키나와사에서 현재라는 시대를 대상화할 수 있는 역사적 해역 정보 자원을 도출해 내고, 새로운 정보 자원학・동시대 자료학을 검토하는 것이 요구된다.

현재 지구화, 지역화하고 있는 세계의 흐름 속에서 새로운 시대 인식과 지역상을 획득하기 위해서는 그 근거가 되는 종합적인 자료학이 절실히 필요하다. 류큐・오키나와사를 둘러싼 다양하고 다각적인 자료의 존재는 이것을 가능하게 할 것이라 생각한다.

먼저 류큐왕국 시대의 경우, 왕조의 외교문서를 편찬한『역사보안歷代宝案』에서 조선, 중국의 명・청조, 동남아시아 각 지역 및 일본의 정보에 관해 각각 양자 간의 자료로 존재하면서도『역사보안』그 자체가 그것들을 통합하는 역할을 하고 있다. 이러한 점이 새로운 종합적인 동시대 자료학을 가능케 하는 첫 번째 전제이다.

동시에 이『역사보안』의 기술과 관련해서 상대측의 기록이 동시에 존재하고 있다.『조선왕조실록』, 중국 푸젠성의 기록, 중국 베이징의 기록, 일본 사쓰마 및 에도 막부의 기록, 동남아시아 각 조공국가의 기록이 이에 상응한다. 이와 같이 상대측의 자료가 동시에 존재하고, 류큐왕조의『역사보안』과 대화하는 형태로 상호 인식을 통한 자기 인식, 타자 인식을 제시하고 있다. 이것이 상호적인 자료학에 기초한 지역 인식을 가능케 하는 두 번째 조건이다.

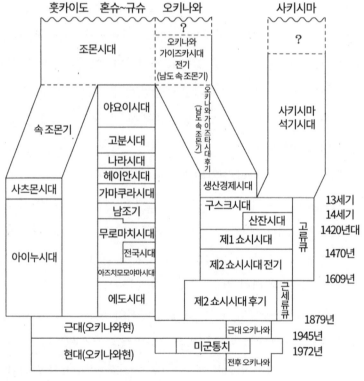

〈그림 2〉 류큐·오키나와의 역사 전개도[2]

세 번째 조건은 각각의 양자 관계가 단순히 외교사로서의 관계사뿐만 아니라, 각국의 내부 자료에 기초해서 동기가 부여되어 있고, 또한 합당한 이유에 의한 행위로서 나타나고 있다는 것이다.

류큐·오키나와의 시대 구분[3]

[선사 오키나와] 수만 년 전~12세기경

미나토가와인港川人으로 대표되는 갱신세更新世시대와 그 후 약 1만 년 공백 뒤에 시작된 가이즈카시대를 말한다. 가이즈카시대 사람은 규슈 조몬시대의 영향을 받고 있다. 다만, 사키시마에서는 조몬·야요이문화의 영향을 받은 흔적은 없기 때문에, 구별해서 생각한다.

[고 류큐] 12세기~1609년 시마즈 침입

일본문화의 영향을 남기면서도 대륙과 남방문화의 영향을 강하게 받아 오키나와 독자의 문화를 구축해 나가는 시대. '류큐왕국'의 성립과 발전의 시대이며, 사키시마·아마미도 편입한다.

[근세 류큐] 1609년~1879년 '류큐처분'

사쓰마의 무력 침략으로 인해 '막번 체제하의 이국'으로 위치하게 된다.

[근대 오키나와] 1879년~1945년 오키나와전

메이지정부의 '류큐처분'으로 왕국이 해체되고 일본의 한 지역이 된다.

[전후 오키나와] 1945년~현재

미국의 점령·통치시대1945~1972와 시정권 반환 후의 오키나와현1972~현재으로 구분된다.

---

2 新城俊昭, 『高等學校 琉球·沖繩史』, 東洋企劃, 1997, p.6(安里進, 『考古學からみた琉球史 上』 참조).

3 高良倉吉, 『琉球の時代』의 시대구분을 참고로 작성.

예를 들면, 조선의 경우에는 홍길동과 같이 실재實在 인물이 류큐의 미야코지마宮古島에서 활약했다는 하나의 내부적 관계를 계기로 해서 류큐상이 제시되었고, 베이징에서는 류큐왕국의 대가 바뀜에 따라 파견되는 책봉사가 류큐의 국정, 민정을 기록하였다. 또한 샴[4] 등에서는 베이징 조정 주최의 연회에 참석하는 동료국으로서 류큐가 함께 기록되어 있기도 하다. 대만에서도 번이蕃夷라는 형태로 조공체제의 경계에 존재하고 있던 그룹이 베이징에서 연회 자리를 함께 했다는 등 각각의 내부 자료에 의해 더욱 교착된 움직임이 확인되는 바, 이러한 점에서 종합적 자료학을 분명히 분석할 수 있는 조건을 발견할 수 있을 것이다.

이와 같이 종합적인 자료학은 지역 관계뿐만 아니라, 그들 지역을 보다 한 단계 큰 틀 속에서 파악하는 것을 가능하게 하고, 그 속에서의 공통 현상, 예를 들면 표류라는 해역을 통한 이동에서 나타나는 다종다양한 연계와 교역·이민 등과 같은 지역에 걸친 인적·물적 움직임을 밝히고 있다. 그리고 그것들이 어떠한 경향을 띠며 또 어떠한 방향을 거쳤는지를 분석하는 것 역시 가능해진다. 이것이 새로운 종합적이며 상호적 시야를 가진 아시아 자료학, 즉 오키나와 문제를 통해 동아시아·동남아시아 광역 지역의 시대상을 살펴볼 수 있는 근거이다.

---

4 역주 : 태국의 옛 명칭.

제1장

오키나와 연구의 5세대·150년

오키나와를 어떻게 인식해 왔는가

이하 후유伊波普猷와 국학 속의 오키나와

오키나와 연구는 메이지 이후로만 봐도 150년간 다섯대 세대가 관계되어 있다. 시간적으로는 500년 이상에 걸쳐 다섯 가지의 큰 논점이 있고, 각각의 항목에 상응하는 다섯 가지의 오키나와 인식의 방향성이 존재한다.

오키나와를 연구 대상으로 고려하기 시작한 제1세대는 이하 후유伊波普猷와 국학의 각도에서 살펴본 오키나와 연구이다. 국학의 시점으로보아 오키나와가 새로운 메이지 국가의 일부로서 어떻게 형성되었는가와, 동시에 역사적으로 오키나와 사회는 국학의 틀로는 설명할 수없는 다양한 개성을 가지고 있는데, 이 개성을 국학의 틀 속에 어떻게 편입시키는가 하는 과제가 존재했다. 오키나와를 소개하려고 했던 야나기 무네요시柳宗悦 또는 야나기타 구니오柳田國男 역시 대상과 방법은 민속학이나 사회 민족 문화론이었지만, 현실적으로는 국학이라는 연구 각도가 등장함에 따라 국학의 외부로 밀려난 부분을 민속학으로 포착했다는 해석도 가능할 것이다.

이하 후유가 주장한 국가 형성의 장소로서의 오키나와와, 또 다른 한편으로 역사적인 관습을 깊이 지속적으로 유지하고 있는 오키나와의 양극 분기는 오키나와를 역사 연구의 장 속에 두려고 했던 제1세대의 특징이다. 이하 후유는 1903년 도쿄제국대학 문과대학에 입학한 후 한학漢學에서 동양사로 전환한 아시아 연구 속에서, 그리고 새로운 국가학으로 형성되려는 일본사의 방법 속에서 오키나와를 탐구하기 시작했다. 동시에 이하 후유는 오키나와인의 아이덴티티를 국가와 민족 위에 설정하는 것이 아니라, 오히려 바다 위에 두고 해인海人으로서의 오키나와인의 아이덴티티를 고찰하려고 했다.

「바다의 오키나와인」이라는 항목에서 이하 후유는 다음과 같이 기술하고 있다.[1]

시대의 요구에 촉발되어 오키나와기선회사를 설립하려고 하는 오늘날, 사오백 년 전으로 거슬러 올라가 해상 왕국의 건설을 추상追想하려는 것 또한 무익한 일은 아닐 것이다.

여기에서 국가의 일부를 구성하면서도 바다 세계 속에서 숨 쉬는 오키나와를 구상하려고 하는 강한 동기를 엿볼 수 있다.

---

1 『伊波普猷全集』第10卷, p.16.

오키나와 연구 제2세대는 메이지유신을 거친 후인 1879년, 류큐 왕부에서 오키나와현으로의 전환에 관한 연구를 기술하고 있다. 기본적으로는 오키나와가 메이지 정부 아래로 편입되는 한편, 동아시아 조공체제 속의 류큐를 일본 국가 아래로 복속시켜 새로운 오키나와현이 형성되고, 여기에 도쿄에서 현지사縣知事가 파견되어 오키나와의 본토화가 시작된다는 의미의 관련 연구가 전개되었다.

이러한 메이지 일본의 류큐왕부에 대한 정책은 류큐왕부가 동아시아의 조공질서 속에서 청조의 조공국으로서 기능하고 있고, 2년에 한번 조공 사절을 파견함으로써 유지되어 온 류큐왕조의 정당성을 단절했다. 물론 일본과의 관계에서도 1609년 사쓰마번의 침공 이래, 일본에 대해서 이른바 준조공국이라고 할 수 있는 위치에 있었다. 그러나 일본과의 관계는 류큐 왕권을 정당화하는 조건이라기보다는 오히려 중국과 일본의 무역을 매개하는 역할을 류큐가 수행한 것이었다. 따라서 류큐가 일본으로 편입되어 일본 속의 하나의 현으로 위치하게 된다는 사실은 류큐왕부 내부로부터의 필연성과 정당성의 근거가 결여되는 것이기도 했다. 그 결과 탈청운동청조에 복귀하려는 운동이 일어났던 것이다. 이처럼 오키나와 연구의 제2세대는 일본 국가 아래에 류큐왕부를 편입시키는 것에 대해서 메이지 정부의 정책을 비판하는 특징을 가지고 있었다.

이하 후유로 대표되는 제1세대의 오키나와·류큐 연구와 제2세대의 메이지 일본, 특히 류큐 처분을 둘러싼 연구는 각각 동시대 사람들의 역사 인식임과 동시에, 그 이후 제1세대와 제2세대 역사 연구자의 변화이기도 하다. 즉, 이하 후유는 19세기부터 20세기에 걸쳐 생존하면서 500년 전 바다의 류큐에 마음을 전하였고, 마찬가지로 20세기를 살아가고 있는 긴조 세이토쿠金城正篤, 니시자토 기코西里喜行는 150년 전의 메이지 유신에 마음을 보내고 있다. 그리고 이들은 각각 그 시대의 오키나와와 일본과의 관계를 중첩시키고 있다. 긴조와 니시자토의 경우에는 1970년대 오키나와의 일본 복귀 문제 또한 중첩시키고 있다.

제3세대는 미국의 전후 지배에 관한 연구이다. 가베 마사아키我部政明에 의한 전후 오키나와 연구는 미군기지에 대한 논의, 또는 그 기지가 있기 때문에 파생되는 오키나와 내부의 문제, 더 나아가 베트남전쟁, 걸프전쟁으로 직결된 군사 행위를 오키나와가 목격함에 따른 미국에 대한, 미국으로부터의 영향에 관한 주제하에 진행되었다. 그리고 이와 같은 제3세대 역시도 테마로서는 페리의 류큐 원정이 실행된 150년 전으로 거슬러 올라가서, 이른바 류큐왕부의 대외관계와도 중첩시키면서 살펴볼 수 있을 것이다.

류큐왕조의 아이덴티티

이처럼 류큐·오키나와 역사를 500년, 150년, 50년의 길이로 논의하면서 류큐 연구의 제4세대는 새롭게 류큐왕조 시대를 그 중심적 과제로 해서 검토하게 되었다. 이것은 오키나와의 아이덴티티와도 밀접하게 관계되어 있는데, 미국 통치에서 일본 통치로 변환하고 오키나와가 일본과 미국이라는 외국의 문맥에서 위치를 부여받게 된다는 점에 대해서 이 류큐왕조 연구 세대는 오히려 바다를 걸치며 동남아시아로 확장한 오키나와·류큐의 네트워크·아이덴티티를 강조한다.

새롭게 등장한 제4세대 연구로서 이러한 류큐왕조 연구는 일본에 대해서보다도 오히려 중국과의 관계와 아시아에 대한 시야를 제기했다. 다카라 구라요시高良倉吉는 500년간에 걸쳐 조공국으로서 계속해서 존재했던 류큐왕조가 중국과의 관계뿐만 아니라, 동아시아·동남아시아와의 관계에서도 다각적인 네트워크를 만들어냈고, 그 아래에서 류큐왕조 또는 류큐 상인이 장거리 교역, 교류 활동을 추진해 왔다는 사실에 주목하였다.

여기에서는 오키나와 자신도 하나의 지역 세계로서 또는 네트워크 세계로서 존재한다는 사실을 지적하고 있다. 오키나와는, 슈리의 류큐왕부가 중국에는 조공 사절을 보내는 조공국이었지만, 동시에 미야코宮古, 야에야마八重山로부터는 조공 관계에 상응하는 공납품을 받기도 한 왕권이었다. 이러한 류큐왕국사관이라고도 할 수 있는 새로운 오키나와 인식은 단순히 역사 인식에 머무르지 않고, 오키나와가 가지는 네트워크성, 해역성, 외부로의 확장성을 강조함과 동시에, 오키나와 내부 세계를 보다 구조적으로 분명히 하려고 한다는 특징을 도미야마 가즈유키豊見山和行의 연구는 보여주고 있다.

오키나와사 연구가 각각 주요한 교섭 상대, 또는 통치 정권의 차이로서 청조, 일본, 미국, 더 나아가 일본으로 변해 가는 것에 대해서 상위 권력의 변천만을 가지고 오키나와·류큐의 역사를 구분할 수 없다는 분석 방법은 오히려 류큐 세계·오키나와 세계를 하나의 통일된 세계로 하여 그 해역상을 규명하려는 강한 동기를 가지고 있다고 볼 수 있다. 그러한 의미에서 류큐왕조 연구를 통한 오키나와 연구는 동아시아 해역사 연구의 새로운 과제를 방법론적으로도 또 그 대상에게도 던지고 있다.

오키나와 연구의 제5세대는 현대 세대들이다. 그들은 국가와 민족으로서의 구심력을 어떠한 형태로든 정립하고 규준을 세워 오키나와·류큐를 검토하려고 했던 제1, 제2, 제3세대와는 다르며, 류큐왕조를 하나의 지역 세계로서 구상하려고 했던 제4세대의 시점과도 다르다. 오히려 이동하는 사람, 오키나와인 아이덴티티, 이민 네트워크, 우치난추 세계라고 하는 이동하면서 네트워크를 구성하는 오키나와인을 구상하려고 하는 세대이다. 이 세대는 지구화하는 세계의 움직임에 대응하며, 포스트 근대의 시점에서 오키나와 근대화에 대한 비판의 시점도 전면에 내세우고, 이산하는 오키나와라는 측면도 가지면서 새로운 오키나와상을 구상해 내려고 한다. 도미야마 이치로冨山一郎의 연구는 오키나와에 그러한 구심력을 요구하는 것이 아니라, 오히려 오키나와를 떠남으로써 비로소 진정한 오키나와이고 싶은 본토 속의 이민 사회에 주목한다. 제5세대는 지금까지의 오키나와 연구·류큐 연구의 시대적 전개, 시야, 시점을 재검토하면서, 오히려 글로벌한 우치난추·네트워크가 그러한 논의의 장인 것처럼 보이도록 한다.

이처럼 5세대에 걸쳐 다섯 개 항목의 테마와 방향성을 가진 오키나와 연구는 오키나와 연구에 그치지 않는 역사 연구, 지역 연구, 네트워크 연구라는 다양한 과제를 제시해 왔다고 할 수 있을 것이다.

야마토에서 바라본 오키나와론

오키나와 지식인에 의한 오키나와 연구, 오키나와 인식, 오키나와 이해에 대해서, 야마토本土로부터의 본토 지식인에 의한 오키나와 이해, 오키나와 인식의 시야와 논점은 어떠한 것이었을까. 여기에는 가와카미 하지메河上肇, 나카노 요시오中野好夫, 다니가와 겐이치谷川健一, 오에 겐자부로大江健三郎, 오카모토 다로岡本太郎 등의 오키나와 논의의 흐름과 다른 한편으로 민족학을 중심으로 한 야나기 무네요시柳宗悦, 야나기타 구니오柳田國男, 가와무라 다다오河村只雄의 흐름이 존재한다.

그러나 본토 지식인의 오키나와에 대한 관심과 시야는, 오키나와 지식인 스스로의 오키나와 이해, 오키나와에 관한 격렬한 논의에 대해서 일본의 일부로서의 오키나와의 과부족을 본다고 하는, 어떤 의미에서는 정답이 전제되어 있는 특징을 가진 논의에 머물러 있는 듯이 보인다.

그것은 국가와 민족의 틀을 전제로 하고 있지만, 국가와 민족 내부의 공통성과 균질성을 공유할 수 없었던 오키나와에 대한 '동정', 공유를 허락하지 않았던 일본에 대한 비판, 그리고 공유하기를 거부해 왔던 오키나와의 전통에 대한 놀라움 등과 같은 이상의 세 가지가 모두 동기가 되고 있다. 즉 이것은, 한편에서는 국가 아래에 오키나와를 위치시키려고 하지만, 그것에 포섭되지 않는 민속과 습관에 놀라움을 가지며, 지역의 확장과 중층적인 수많은 논점을 둘러싸고 격렬하게 싸워 온 오키나와 지식인의 시야와 비교하면, 국가와 민족의 틀을 한 발자국도 벗어나지 못하고 있다. 그보다 오히려 전혀 다른 동기라고해도 국가와 민족의 틀 속에서 오키나와를 비판적으로, 즉 균질화 되지 못하는 일본에 대한 비판으로써 그려내려고 하는 자세를 취하고 있는 것이다. 이와 같은 논점에서는 오키나와는 보이지 않을 것이고, 오키나와 또한 그렇게 보이는 것을 강하게 거부해 왔다고 할 수 있다.

현재 지구화와 지역화가 동시에 존재하면서 대립각을 세우고 다투지만 서로 소통한다. 시대적 상황 속에서 국가와 민족을 끊임없이 매개로 하여 오키나와를 이야기하고, 오키나와를 동정하며 오키나와에 사죄하고 오키나와에 기대감을 담으려 해왔던 일본 지식인의 연구자세와 오키나와 인식의 내용에 근본적으로 의문을 제기한다. 그리고 이것은 동시에 일본에 대한 이해, 일본 연구의 관점 그 자체에 대한 문제성으로서 우리들에게 되돌아올 것이다.

일본은 지극히 다양한 지역적 차이와 지역적 개성을 가지고 있다. 그럼에도 그것들이 더욱 더 경합하면서 스스로의 실현을 목적으로 격투하는 방향이 아니라, 근대 일본으로 표현하고 일본이라고 이야기하면서 마치 모든 것이 동일한 방향성을 쫓아온 것 같은 내용을 부여해 왔다. 이러한 근대 이후의 일본을 오키나와의 사례를 참고하면서 다시금 그 지역성과 상호성, 지방적 개성과 네트워크적인 지역 시스템 속의 일본, 동아시아 속의 일본, 아시아 속의 일본을 사유할 수 있는 방향을 찾아야 할 것이다. 그 계기는 오키나와를 둘러싼 논의의 장으로 입문하면서 마련할 수 있을 것이라 생각한다.

류큐·오키나와에서 바라본 일본론·남양론

일본이 류큐처분에 따라 류큐를 오키나와현으로 하고 일본의 일부로 편입시킴으로써, 류큐는 그 역사적인 해양 네트워크의 확장성에서 내륙적인 하나의 현의 위치로 재편성되었다. 이것은 일본이 국가를 형성해 가는 가운데 류큐를 그 속에 포섭시켰다는 사실을 의미하며, 동시에 류큐의 역사적인 국제적 확장성을 차단함으로써 일본의 국가화를 지탱했다고도 해석할 수 있을 것이다. 그렇다면 이와 같은 류큐의 오키나와화, 류큐의 국가화는 어떠한 방식으로 진행되었던 것일까.

먼저 명확한 사실은 나하항을 일본의 국제적인 개항장으로 하지 않고 나가사키에 집중시켰다는 것이다. 더욱이 고베와 요코하마로 새로운 대외 교역의 방점을 이동시켰다는 사실이다. 이것은 개항장이라는 물리적인 대외적 창구의 변화로서 지극히 명료하지만, 이것과 동반해서 류큐가 가지고 있는 해양의 확장성을 소거하고 일본으로 흡수할 필요가 있었다. 또는 해양의 확장성을 국가화할 필요가 있었다고도 말할 수 있을 것이다. '일본'의 개국은 오키나와의 '쇄국'화였다. 이것은 곧 남양문제의 등장이라고도 할 수 있다. 남양문제는 류큐의 국가화에서부터 시작되어 대만 영유에서 동남아시아로 연결되는 것이다. 역사적으로 논의된 남양문제는 이른바 동남아시아의 남양문제에 머물러 있었고, 류큐·대만은 남양문제에서 배제되어 있었다. 그러나 이러한 사실은 류큐·대만의 해양성을 국가 아래로 흡수한 결과에 지나지 않았다.

페리의 류큐 개항

또 다른 하나의 류큐 국가화는 류큐가 가지는 중화 세계의 위치를 새롭게 재정립하는 것이었다. 류큐가 역사적으로 가지고 있는 조공 세계를 이용하여 미국은 페리를, 프랑스는 팔카도 신부를 파견하고 화이질서를 이용해서 일본에 접근하려고 했다. 류큐를 장악한 후 다음은 일본이라는 수순이었다. 일본은 이것에 복종하지 않고 오히려 류큐가 이룬 화이질서, 조공 시스템 속의 위치를 일본 국가 아래로 흡수해버림으로써 일본의 대외적인 국가화를 가능하게 했다고 볼 수 있을 것이다.

류큐는 이와 같이 동아시아의 역사적인 논리를 일본의 국가형성에 대체시킴으로써 그것을 가능하게 했다고 볼 수 있다. 이른바 동아시아 화이질서를 적극적으로 이용했던 서남 지역의 막강한 번이 중앙으로 진출함으로써 스스로가 지금까지 이용해 온 동아시아의 교역 질서를 국가화했다고도 볼 수 있을 것이다.

이렇게 해서 류큐는 역사적인 동아시아의 시야로부터 사라지게 된 것이다. 따라서 이러한 사실에서 현재, 류큐의 아시아적인 시야를 회복함으로써 일본과 동아시아, 일본과 동남아시아, 동아시아와 동남아시아의 관계를 지금 다시 한 번 사유하는 것이 가능해질 것이다. 그러나 이것과 대조적으로 본토의 지식인이 류큐의 국가화에 대해서 일방적으로 '동정'하고 또는 근대 일본을 비판하며, 오키나와의 민간 사회를 발견해 온 과정도 모두 이와 같은 국가의 틀 속에서만 오키나와를 봐 왔다고 하는 한계를 가지고 있었다고 생각할 수 있다. 따라서 국가를 전제로 한 경우, 오키나와가 본토와 같은 균질한 국가, 또는 국민으로서의 대우와 조건을 획득하고 있었는가라는 시점에서의 오키나와 격차론이 그 논의의 중심이 되었다. 또한, 그것에 편입되지 않는 류큐의 역사 사회는 오히려 일본의 문맥을 초월한 민속과 습관의 문제로서 포착되었다.

그러나 지금, 이처럼 오키나와를 분리해서 관찰하는 것이 아니라 류큐가 가지는 역사 세계에서 일본을 포함하여 사유할 수 있는 시야를 가진다면, 류큐가 역사적으로 관여해 온 화이질서로서의 행정기능, 또는 행정의 다층 구조, 그리고 중국과 일본과의 관계에서 확인된 교섭 능력, 혹은 그 배경에 있는 조선과의 교섭에서 나타난 상호 교섭, 게다가 미국과의 역사적인 관계 속에서 획득한 대외교섭 과정 등이 모습을 드러낼 것이다. 이것은 하나의 현으로는 모두 담아낼 수 없는 축적과 조건, 배경을 가진 류큐 세계이며, 류큐 세계였다고 하는 사실이 밝혀질 것이다.

이상과 같이 살펴보면, 본토의 지식인이 "오키나와는 '일본' 속에 들어와 있는가"라는 시야로 본토화시키려는 시도는 오히려 류큐·오키나와로부터의 강한 지방주의 주장에 따라 계속해서 전복되고 있다. 동시에 그러한 지방주의 역시도 더욱 지구화된 현대에 있어서는 중앙에 대한 지방이 아니라 글로벌에 대해서 주장하는 지역이라는 특징을 가지지 않을 수 없다. 다시금 역사적으로 류큐·오키나와라는 '지역'이 가지고 있었던 다층적이며 다각적인 질서 관계·교섭 관계를 새롭게 상기할 필요가 있을 것이다.

오키나와 지역론

류큐·오키나와의 역사에서 볼 수 있듯이 지역의 다양성에 대응하여 다양한 지역상과 다양한 지역 연구 방법이 있다. 마치 지역의 숫자만큼 지역 연구 방법이 있고, 지역 연구 방법의 숫자만큼 지역상이 있다고 해도 과언이 아니다. 그렇기 때문에 지역 연구의 과제와 방법에 대해서 고정적인 특정 방향성을 추출해 내는 것은 불가능에 가깝다고 실감하고 있다. 지역과 지역은 서로 충돌하면서 끊임없이 서로 간의 위치를 교체하거나 상호 침투를 일으키고 있는 것처럼 보인다. 지역에 대해 논하기 어려움을 통감한다.

하지만 이를 다른 각도에서 생각해 보면, 이러한 다양성은 현대 오키나와의 다양성 그 자체를 반영한 것이고, 그것을 파악하려는 쪽의 다양한 시도의 필요성에 대응한 것이라고 이해하는 것 역시 가능할 것이다.

변동하는 현대 세계에 대응해서 역사 연구 분야에서도 최근 십 수년 간에 걸쳐 몇몇 특징적인 변화가 확인되었다. 먼저 그 전제로서 역사 연구에 있어서 확인된 거대이론grand theory라고 하는 커다란 역사 사회의 이론적 틀이 소멸된 사실을 들 수 있다. 국가 형성과 자본주의 발전 등의 세계적이며 보편적 관심사가 변화하고 다양화하는 사회에서, 반드시 단일적이고 보편적인 모델을 적용하는 것이 불가능해졌다고 하는 현실이다. 이러한 상황 속에서 한편으로는 소멸된 거대이론의 장소에 생태학·인구론 등의 환경적 요인을 강조하는 논의의 틀이 대체하려 하고 있다. 이 위치에 지역론이 추가되는 경우도 자연스러운 추세일지도 모른다. 왜냐하면 환경적 결정 요인이 증가하면, 이론적 틀의 변동적 요인을 줄이고, 대상에 대한 접근을 용이하게 할지도 모르기 때문이다. 그러나 장기적인 변동에서 역사의 그랜드 디자인을 기획하는 데에는 이러한 여러 요인에 대한 검토가 요구되고 있다고 볼 수 있지만, 이것이 곧바로 지금까지의 이론적인 틀을 대체할 수 없다는 점도 확인해 둘 필요가 있다.

다른 한편, 역사 연구를 둘러싼 최근의 특징은 사회사에 대한 강한 관심을 들 수 있다. 현대 사회가 다양화되고 있다는 점을 반영하여 현대 사회의 과제를 역사에도 투영하는 연구가 주목을 받고 있다는 사실은 그 중요성에 비추어 본다면 충분히 이해할 수 있을 것이다. 그 영역에서 개별 연구가 축적되어 큰 성과를 거두어 온 사실은 강조해 둘 필요가 있다. 다만, 사회사 연구의 전제 그 자체가 사회의 다양화·분산화였다고 해도, 현재 다시금 연구의 분산화에 대한 재검토가 필요한 시점이라고 말할 수 있을 것이다.

세 번째 특징은 역사 연구에서의 시대 심리와 귀속 의식에 관한 연구, 즉 아이덴티티 연구의 광범위한 등장이다. 역사의 다양화에 동반한 역사를 보는 시선 그 자체의 다양화라고 할 수 있다. 이러한 아이덴티티 연구는 분석 방법의 심화에 대해서 마치 사고의 과정 속에서 '분석'을 '자기인식'으로 대체시키려고 하는 도전을 내포하면서도, 다양한 역사 주체의 목소리를 흡수하는 것에 대한 중요성을 호소하고 있다. 연구 분야를 수용하면서 지역상에 관한 다양한 지역 아이덴티티를 논의하는 것이 역사 연구의 커다란 과제로서 등장하고 있다.

오키나와로부터의 메시지 — '경제발전', '소비사회'에 대한 경고

현재 인류 사회는 지금까지의 역사에서는 찾아볼 수 없었던 문제에 직면하였다. 한편에서 고도로 발달된 기술과 경제에 의한 윤택한 생활을 향유하는 상황이 존재하는 반면, 다른 한편에서는 인적·물적 자원 배분의 불균형으로 일부 지역에 극단적인 피해가 나타나는 현상이 발생하고 있다.

발전·진보·개발을 목표로 공업화를 위해 노력해 온 인류 사회 앞에, 그 달성도가 높으면 높을수록 환경·자원 문제라고 하는 과제가 지금 우리 앞을 가로막으려 하고 있다. 이러한 상황 속에서 지금까지 무조건 긍정해 온 보다 고도화된 생산, 보다 고도화된 소비라는 목표의 재검토가 강하게 요구되고 있다. 모든 인류를 충족시킬 수 있는 달성 목표는 존재하지 않았던 것은 아닐까, 또는 공통의 목표로 인식되어 온 보다 고도화된 생산과 소비 달성 역시도 실제로는 특별한 조건을 가진 한정된 일부 지역의 자기주장에 지나지 않았던 것은 아닐까라는 의문이 제시되고 있다. 그리고 고도화된 세계란, 근대 유럽이라는 지역 사회의 자기주장에 지나지 않았던 것은 아닐까라는 인식이 드러나고 있고, 따라서 세계 인식과 세계사 인식 역시도 유럽과 미국의 지역주의, 지역인식을 차용해서 진행해 왔던 것은 아닐까라는 반성이 존재한다.

새롭게 인류 사회가 직면한 과제를 앞에 두고, 지금까지의 인류 사회 '발전'을 거슬러 올라가서 현재라고 하는 역사의 '고도'를 포착하고 그 인과관계를 논하는 것에 급급해 온 역사 연구는 커다란 전환기적 시점에 직면했다고 할 수 있다. 또한 여기에서는 지금까지 인류 발전의 기본 모델이었던 국가를 건립하고 그 상호 경쟁에 의해 지구 전체가 발전한다고 하는 가정도 비판을 받고 있다. 국가 건설에 따라 배타적으로 자기를 타자와 구별하는 내셔널 아이덴티티는 유동화하는 세계에서 정확하게 모든 것이 적합적으로 작용했던 것은 아니었다. 따라서 역사 연구의 새로운 과제는 현재에 이르기까지 인류 사회가 영위해 온 것을 총체적으로 다시 파악하고, '발전'과 '진보'를 최대 목표로 했던 근대 국가사의 교훈 속에서 앞으로의 과제를 밝혀 나가는 시점과 방법을 도출해 내는 것이다.

이러한 시점에서 생각해 보면, 최근 세계 각지에서 다발적으로 발생하고 있는 지역관계 재편의 움직임은 역사적으로 검토해야 할 많은 재료를 제공하고 있다. 대부분의 경우, 기존의 국가 틀에서 분리하거나 이탈하려고 하는 움직임이 있지만, 이것과 병행해서 유럽 공동체와 환태평양 공동체의 시도, '대화남大華南' 경제권의 논의와 같이 지금까지의 여러 국가와 여러 지역을 통합해서 커다란 지역 공동체를 만들려고 하는 움직임도 활발해지고 있는 상황이다. 이 상황을 한마디로 정리하자면, 19세기부터 20세기에 걸쳐 유럽 사회를 중심으로 성립한 '네이션스테이트nation-state'가 여러 측면에서 그 역사적 역할의 한계에 직면하고 있다는 사실일 것이다. 류큐·오키나와가 역사적으로 광역 지역·해역·장거리 교역 네트워크 등 다양한 지역·해역 활동 경험을 가지고 있다는 사실을 생각해 본다면, 이러한 현재적이며 미래적인 과제를 역사적으로 생각하도록 하는 대단히 중요한 대상이 된다.

물론 이러한 과정에서 비유럽 지역이라 할지라도 독자적인 자기주장은 존재했다. 민족주의와 지역주의로서의 자기주장이 강하게 제시되기는 했지만, 최종적으로는 역시 유럽이 자기 인식의 방법으로 취했던 '국가'의 틀 속에서 주장된 결과였다.

이러한 변화에 대응하여 역사학 분야에서도 '지역'에 초점을 맞추어 역사를 재검토하는 다양한 시도가 필요하다. 지역 문제에서도 그것이 국가의 언어로 표현되고 인식되어 온 점에 대한 검토가 이루어질 필요가 있다. 오키나와의 지역 세계를 다양하게 검토함으로써 유럽·동아시아·남아시아·서아시아·미국 등과 같은 이른바 기존의 거대 지역 개념 그 자체를 재검토할 필요가 있다. 동시에 지역으로서의 카테고리를 부여할 수 있는 이론적·원리적인 검토도 함께 진행하면서, 이를 통해 새로운 지역간 관계와 그 안정화 방법의 모색이 절실히 필요한 시점이다.

오키나와 문화의 '지知'의 체계

지역 개념을 어떻게 생각해야 하는지, 지역 자신이 고정화된 개념이 아니라고 한다면 어떻게 개념 상호간의 관계를 생각해야 하는지가 오히려 중요해진다.

그 전제는 다음과 같다. 크고 작은 다양한 레벨의 지역에서 자기주장이 제기되고 있는 현재, 지역 사회문화의 자기인식과 자기주장을 분명히 밝히고 또 지역 그 자체가 가지는 '지知'의 체계를 이해하기 위해, 우리들에게는 지역의 목소리를 진지하게 들음으로써 도출되는 지역인식·시대인식이 요구된다. 지역의 기록을 둘러싼 하나의 존재방식인 지역 표상과 자화상을 어떻게 해석할지에 대해서도 지대한 관심을 가질 필요가 있을 것이다. 지역의 자기 기록은 각 지역의 지역인식과 지역주의를 주장하는 방법이기 때문이다.

이 소ᄼᄼ 지역이라 부를 수 있는 역사 공간의 카테고리를 밝히려는 시도는, 역사적으로 볼 때 오키나와의 고대 가요 '오모로소시おもろそうし', 일본의 '풍토기風土記'와 중국의 '방지학方志学', 유럽의 '지리학' 등과 같이 오랜 전통을 가지고 있다. 이들은 각 학분 분야의 관심이 중첩되면서 '지역사회', '도시', '지역문화', '지리적 지역', '생태적 지역', '시장권' 등의 관점에서 검토되어 왔다. 더욱이 이러한 지역의 카테고리를 밝힘과 동시에, 지역과 지역의 연계 및 관계를 생각하는 지역 외부의 네트워크를 검토하는 것도 중요한 과제이다. 이것은 지역의 상호 관계가 중심-주변 관계나 지역간 네트워크로 성립됨을 논의하는 세계시스템론과 지역시스템론의 주제이기도 하다.

또한 지역이라는 테마는 광협廣狹의 다양한 레벨의 공간을 다루게 된다. 공간은 어떻게 구성되고 또 인식되는지도 주목하고 있다. 지도를 예를 들어 설명한다면, 50만분의 1, 5만분의 1, 5천분의 1의 다른 고도에서 지구를 보게 되는 것과 같다. 이 광협의 지역에 대응시켜 지역 개념을 이하의 세 가지로 구별해서 표현하는 것도 가능할 것이다.

첫 번째는 어느 특정 장소를 나타내는 '지방'이라는 개념으로 파악하는 레벨이다. 이것은 '로컬'에 대응하는 지역인데, 구체적으로 상정되는 동시에 내용적으로도 경험적으로 상정된 이른바 작은 지역을 가리킨다. 오키나와의 대차 지방사, 일본사에서 말하는 지방사나 중국의 지방지地方志 등의 '지방'은 마을 또는 현재의 지역 공간이라는 위치에 해당된다. 그리고 이러한 지방은 중앙과의 대비와 대항 인식을 동시에 강하게 내포하고 있는 경우도 있다.

두 번째로는 이러한 지방로컬보다도 넓은 의미를 가지는 것으로, 어느 특정 공간을 나타내는 '지역', 즉 '리전region'을 상정할 수 있을 것이다. 이 지역은 이른바 특정 장소인 동시에 지역 공간으로서 위치하고 있고, 크기가 관념화됨과 동시에 특정 장소로서의 의미가 포함되어 있다. 시마오 도시오島尾敏雄의 '야포네시아론' 등은 이른바 자연 지리적인 공간 개념도 함께 내포하는 듯한 지역을 대상으로 나타내는 개념이다.

세 번째로는 보다 넓은 지역, 또는 크게 통할된 지역 및 상호 관계를 가지는 지역이 상정된다. 이 광역 지역은 '영역area'에 해당한다. 영역은 본래 통치하거나 지배하는 지역을 가리키는 것이었지만, 조공권 등에서 보이는 것처럼 이 광역 지역은 어느 특정한 목적을 가지고 관여한 결과, '역권域圈'으로 등장하는 지역이기도 하다. 이처럼 지방, 지역, 광역 지역이라는 세 지층의 지역 개념을 상정해서 역사적으로 다룰 때, 오키나와가 그것의 어느 것에 해당하는지를 우선 공간적인 크기에 따라 구별하고, 동시에 그러한 지역 공간의 내실과 그와 관련된 주체와의 관계를 구별하면서 검토해가면, 오키나와의 특징도 자연스럽게 달라지게 될 것이다.

더욱이 지역과 해역을 가리키는 개념은 이러한 공간에 그치지 않는다. 예를 들면, 국경으로 표시되는 영역, 또는 프런티어와 주변이라는 개념으로부터 대응적으로 상정되는 공간 혹은 중심 개념 등, 국가와 지역간 관계의 성격에 대해 어느 한쪽을 일방적으로 표현함으로써 다른 한쪽을 상정하게 하는 지역 표현도 많이 존재하고 있다. 또 지역 및 해역은 직접적으로는 공간적인 범위를 나타내지만, 이러한 공간은 물론 지리적인 공간에 머무르지 않고 문화적인 공간, 사상적인 공간, 심리적인 공간, 더 나아가 시간적인 공간 등 테마 설정에 따라서 다양한 모습을 나타낸다.

현재 문제가 되고 있는 지역 연구의 필요성은 종래의 학문 연구에서 세분화된 각 학문 분야가 제시해 온 경계 영역 즉 지식의 구분이, 현실 사회의 변화 및 국제관계의 변화에 대해서 충분히 그것을 분석·평가하여 그 움직임을 관철시킬 수 없게 된 사실로부터도 알 수 있을 것이다. 물론 학제적interdisciplinary 연구와 특정 학문 분야의 영역을 뛰어넘은 연구의 필요성이 지금까지도 수없이 지적되고 시도되어 왔지만, 지역을 그 전체상 측면에서 분석하려고 할 때, 지금까지의 학문 분야의 방법론적인 실마리는 지역의 일부에서만 작용하는 것에 그쳤다. 따라서 다양한 학문 분야가 지역 연구에서 종래 각자의 분담 영역으로부터 벗어나면서 횡단적으로 관여할 필요가 생겨난 것이다. 이 상황 속에서 오키나와 연구는 이러한 현실 세계의 변화와 학문 연구의 방법론적 측면에서의 변화도 총체적으로 수용하면서 대응할 수 있는 대상이며 방법이라고 생각한다.

지역 연구에서의 지역이란 지극히 포괄적이고 다양하며 동시에 하나의 권역, 통일성을 가진 것으로 추구하지 않으면 안 된다. 그러한 의미에서 지역은 커다란 '그릇'과 '장소'이며, 또 독자적인 역사적 역동성을 나타내는 대단히 구심력이 강한 하나의 단위이기도 하고, 동시에 외부를 향해서 확장되어 가는 느슨한 네트워크의 양상을 보이기도 한다. 대략적으로 지역 개념은 시간 개념을 상대화하고 지역·해역 공간의 문맥 속에서 시간을 대체시키려 하는 시도이기도 하다.

류큐왕조 『역대보안歷代寶案』의 세계

『역대보안』은 류큐 왕조가 15세기부터 19세기까지 이르는 450년 가까운 시기에 걸쳐 중국의 명청 두 왕조와 교류한 조공 관련 기록이다. 이 방대한 문서 교환은 일종의 문서행정이라 할 만한 정보 세계를 만들었고, 그 정보 세계는 다양하게 지역 질서의 문맥을 나타내었다.

또한 『역대보안』은 류큐와 중국과의 교류에 머무르지 않고 동아시아의 광역 지역 질서를 보여주는 기록이며, 동아시아와 동남아시아의 관계를 보여주는 기록이기도 하다. 이 기록은 동아시아와 동남아시아를 연결하는 류큐의 네트워크센터로서의 역할을 확인시키는 동시에 양자를 포괄하는 광역 지역 질서의 역사적인 존재도 시사하고 있다. 이 『역대보안』에 담긴 정보는 매우 다양하며 대단히 복잡하다. 일반적으로는 중국에 대한 조공과 책봉에 관한 대화가 중심인데, 정식 사절의 교류에 의해 류큐 왕권이 동아시아 지역 질서 속에서 그 정당성을 부여받고 있으며, 화이질서가 명청 조정을 중심으로 형성된 사실을 주변 조공국이었던 류큐왕부의 자료에 의해 밝힐 수 있다.

〈표 1〉 15 · 16세기 파견처별 선척수

파견국	선척수
샴	56
말라카	13
파타이	10
팔렘방	7
자바	4
수마트라	3
순다	2
안남(베트남의 옛이름)	1

출처 : 赤嶺誠記, 『大航海時代の琉球』, 沖縄タイムズ社, 1988, p.38.

조금 더 구체적으로 『역대보안』의 내용을 살펴보면, 먼저 류큐가 동남아시아로부터 후추와 소목蘇木을 구입해서 그것을 중국에 다시 판매하였는데, 초기에는 그 대가로서 동전을 요구하였다. 이에 영락통보永樂通寶가 지급되었다고 기록되어 있다. 이 동전의 행방은 당연히 류큐뿐만 아니라 일본의 화폐 수요를 해결하기 위한 것이었다고 생각할 수 있다. 그 후 1432년 류큐 국왕 쇼 하시尙巴志가 명조 예부에게 보낸 편지에서 소목의 대가로 비단을 요구한다는 희망이 타진되었다. 그리고 그 무렵부터 일본 국왕과의 통교를 중개한다는 역할이 명기되었다.

15세기부터 16세기까지의 기간에 동남아시아에 파견된 나라별 선척수는 〈표 1〉과 같다. 류큐 자체적으로는 생산하지 않는 후추와 소목을 조공품으로 중국에 바치기 위해 동아시아와 동남아시아를 연결시키고 있었다. 이것은 류큐 국왕이 공식적으로 파견한 사절의 숫자이지만, 이 숫자의 배후에는 더 많은 민간선에 의한 교역 · 이민 · 이동이 존재하고 있었다는 사실이 상정된다.

명·청 조정에 대한 일본 정보

1434년 류큐 국왕 쇼 하시는 일본 국왕과의 통교를 중개하기 위해서 사절단을 파견한다는 취지를 중국에 전달하였다. 또한 예부에 전달된 편지에는 일본 국왕과 통교를 중개하기 위한 칙유를 요구하였다. 이와 같이 류큐는 생사生絲 무역을 통해 적극적으로 중국과 일본을 중개하기 시작했다. 이 과정에서 류큐 국왕은 말라카, 자바 등의 동남아시아에서 중국으로 보낼 조공품을 조달하기 위해, 각국 국왕에게 자문咨文, 평행문을 발행하여 중국과의 조공 관계의 주변에서 조공국 상호가 대등한 관계로 거래하고 있었다. 이것은 중국을 중심으로 한 위계질서가 각 조공국 국왕의 입장에서는 상호 대등하며, 각국이 중국 황제에 대해서 하위의 위치 관계에 있었다는 사실을 보여주고 있다고 할 수 있다.

또한 일본 정보를 류큐로부터 수집하는 것도 중국으로서는 대단히 중요했다. 예를 들면, 1467년에 하카타슈博多州의 도안同安에서 류큐 국왕 앞으로 조선국의 답례품 목록이 도착했다. 이와 같이 규슈·조선·류큐의 상호관계 역시도 여기에서 확인할 수 있다. 이러한 정보가 중국 쪽에 전달되고 있다는 사실 역시 대단히 주목해야 할 류큐의 역할이다. 그리고 1470년에는 류큐 국왕인 쇼 도쿠尚德가 조선 국왕에게 '일본국 상선이 귀선하기에 회례回禮한다'라는 문서를 발행하였다. 또 류큐는 중국에 2년 1공이라 하여 2년에 한 번 조공 사절을 파견하였는데, 1476년에는 1년 1공을 요구하였다. 조공의 횟수는 규정에 따른 것이었지만, 사정에 따라 장기화되거나 혹은 보다 단기간에 조공할 수 있었다. 교역 이익을 추구하는 류큐왕조 측에서는 보다 많은 조공 사절의 파견을 끊임없이 요구하였다. 또한 류큐는 푸저우福州에 스스로 대표를 파견하여 푸저우 류큐관에 존류재선통사存留在船通事, 현지 체재 통사를 두고 조공 사절을 파견할 때마다 그 통사에게 문서를 발송하였다.

왜구 문제 역시 류큐가 명 조정과의 관계에서 관여한 중대한 문제였다. 1558년 황제는 쇼 겐尚元에게 왜구의 포로가 된 중국인 구출에 대해서 포상을 내리고 있다. 류큐의 중국에 대한 조공품 중 하나로 유황이 있었다. 유황은 화약의 원료로 대단히 중요한 물자이고, 중국은 이러한 유황 확보에 힘을 기울이고 있었다. 이 유황 조공을 둘러싸고 운반시 감소된 양을 보상하기 위해 나중에 부족한 양을 보충하기도 했다.

일본 정보에 관해서도 류큐는 중요한 역할을 맡고 있다. 도요토미 히데요시豊臣秀吉가 사망한 1598년에 곧장 급보로 중국에 알렸으며, 중국에서도 푸젠福建 포정사布政使, 지방 행정 장관를 통해서 도요토미 히데요시의 사망 정보를 알려준 류큐 사절을 귀국시킨다는 문서도 발행되었다.

17세기 초반, 명말 시기 사쓰마薩摩가 류큐를 침공했는데, 이것을 왜란이라고 류큐 국왕 쇼 네이尚寧는 중국에 보고하였고, 조공의 기한을 늦추어 줄 것을 부탁하였다. 1609년부터 수년간 이 왜란을 둘러싸고 중국 황제로부터도 상황 설명을 요구하는 문서가 발행되었으며, 1612년에 국왕은 왜란을 평정했고 그들은 귀국했다고 보고하였다. 또한 1613년에는 시마즈島津 침입의 피해 때문에 10년 후에 회복을 기다려서 조공을 시행해야 한다는 소식도 도착하였다. 이 과정에서도 조선과의 사이에서 '교린交隣'을 돈독히 한다는 연락을 주고받았다. 류큐에게 있어서 시마즈와 조선은 서로를 보충하는 관계에 있었다고 볼 수 있다.

사쓰마 침공 이후, 류큐는 적극적으로 중국과의 무역 확대를 시도하고 있다. 1634년에는 5년 1공을 3년 2공으로 회복했고, 배 한 척과 말 등의 조공품을 늘리는 것을 인정하였다. 또한 1636년에는 푸젠 포정사로부터 류큐 국왕 앞으로 '최근에 사은謝恩, 탐청探聽이라 자칭하는 입공入貢이 많은데, 진공進貢의 기한을 엄수해야 한다.'는 지시가 하달되었다. 진공의 시기, 조공품, 승선 인원수의 정원을 지켜야 한다는 내용이며, 류큐 측의 왕성한 무역 의욕을 엿볼 수 있는 대목이다.

생사 무역과 일본의 공업화

생사生絲 무역과 관련해서 류큐 측은 더욱 적극적으로 중국에게 요구하고 있다. 1638년에 푸젠 포정사로부터 백사白絲 무역은 특별히 허락하지만, 이후에는 허락하지 않겠다는 지시가 하달된다. 그러나 류큐 측은 유황의 부족분을 보충한다는 조건을 내놓으면서 생사 무역의 증가를 시도했다. 1644년에는 생사를 거래하고 납세하는 형태의 거래를 황제에게 간청하였다. 그 다음 해, 난징南京의 예부로부터 푸젠의 순무巡撫 앞으로 류큐 왕국이 간청하는 백사 시장에서 거래를 허가한다는 결정이 전해졌다. 또 이와 같은 생사 거래가 포정사로부터도 전해졌다. 이에 대한 응답으로 류큐 국왕 쇼 겐尙賢은 예부 앞으로 이 무역 허가를 받은 후, 규칙에 입각해서 거래하겠다고 하는 문서를 보냈다.

명청 교체기인 1649년, 대청 황제는 류큐 국왕의 귀순을 촉구하는 칙유를 내렸다. 1649년 류큐 국왕 쇼 시츠尚質는 청조의 시작을 축하하고 귀순하겠다는 표문을 발행하였고, 동시에 명에서 받은 칙인勅印의 반납이 다음 기회에 이루어질 것이라고 보고하였다. 황제는 명 칙인 반납을 촉구하고 이를 때때로 독촉했는데, 쇼 시츠는 1653년에 이것을 반납했다. 그리고 푸젠 포정사는 칙인 수령을 확인하였다. 1654년에는 예부로부터 왕작을 받도록 하고, 토하포土夏布 무역을 허가한다는 지시를 내렸다. 최초 법전 회전會典의 규칙에 따라 2년에 한 번 조공 사절을 파견한다는 것이 규정으로 정해졌다.

1666년에 이르러서는 지금까지 200년 이상에 걸쳐 지속되어 온 남방 지역에서 생산된 향신료에 대해서, 류큐 국왕 쇼 시츠는 이를 조공품에서 제외하도록 예부 및 푸젠 포정사 앞으로 편지를 보내 청원하였다. 그리고 약 반년 뒤에 예부로부터 국왕 앞으로 발신된 편지에는 향신료 등의 비 토산품은 청원한 바와 같이 이후에 진공을 면제한다는 취지의 지시가 내려졌다. 이것은 명나라 법전 회전의 규정에서 제외한다는 내용인 것이다. 이로써 동남아시아와의 2세기에 걸친 후추·소목 무역이 제도적으로 종료되었고 류큐 국왕의 조공품으로서 제외되었다.

이와 같은 사실은 동아시아와 동남아시아의 관계에서 지금까지 류큐를 매개로 이루어지던 교역 네트워크가 류큐 이외, 특히 동남아시아로부터의 조공 무역을 담당했던 중국 상인이 중심이 되어 진행되게 되었다는 사실을 시사하고 있다. 사실 류큐에서 후추·소목이 조공품으로서 이 이후에도 계속해서 보내졌고 약 100년이 경과된 후에 비로소 조공품에서 모습을 감추었다. 이러한 사실 역시 상인 네트워크의 레벨에서 거래가 여전히 지속적으로 이루어지고 있었다는 것을 의미한다. 이처럼 조공 무역 자체도 조공 무역을 배후에서 지탱하고 있는 이른바 민간 무역과 밀접한 관계가 있었다고 볼 수 있다. 그리고 1669년에는 진공의 토하포를 외국 사신의 접대·숙박 시설이었던 회동관會同館에서 담보 대출의 형태로 거래하게 한다는 취지의 지시가 내려졌다. 또 예부에서 국왕 앞으로 보낸 편지에는 저장성 후저우湖州에서 산출된 생사의 매입 및 조공선의 입항을 허가한다는 지시가 내려졌다. 이렇게 조공 무역이 보다 상업적이며 또한 현금 거래로 이루어진다는 변화가 확인된다. 그리고 류큐 국왕은 저장성 후저우에서 생산된 생사를 푸저우에서 교역할 수 있도록 청원을 넣었다.

1681년이 되면 조공품은 유황·소라고등·홍동紅銅으로 한정하고 앞으로 말·담배는 중단한다는 지시가 내려진다. 1685년 예부에서 국왕인 쇼 데이尙貞 앞으로 보낸 편지에는 외국과의 무역이 이루어지는 경우, 선척수, 인원, 금지 품목 등에 관해 약속을 지킨다는 취지의 비밀문서가 도착했다. 조공 무역은 류큐와 중국만의 양국 관계뿐만 아니라, 오히려 그 이외의 외국과의 관계가 포함되어 있다는 사실을 알 수 있다. 게다가 이것은 조공국에 한정되는 것이 아니라 보다 일반적인 외국 무역으로 확장되고 있다는 사실이 특징적이다. 이러한 움직임 속에서 표류민의 귀환문제도 일관되게 진행되고 있는데, 표류라고 하는 이름하에 무역이 활발히 진행되고 있는 사실도 확인할 수 있다. 1689년 예부에서 국왕에게 보낸 편지에는 진공선 2척 외에 접공선 1척도 면세 처리를 해주고 있고, 진공선에 승선하는 인원은 2척 합쳐서 200명 이내까지 인정한다는 지시도 내려져 있다. 1692년에는 말과 소라고등을 대신해서 잘 정련된 주석을 조공품에 추가하도록 지시하고 있다.

15세기 초부터 17세기 말에 걸쳐 조공 무역을 둘러싸고 이처럼 류큐와 그 밖의 조공 국가 및 명조, 청조와의 사이에서 문서 행정이 이루어졌고, 류큐가 동남아시아와의 교역에서 동아시아 중 특히 일본과 중국과의 교역을 중개하는 역할로 변해갔다는 사실을 확인할 수 있다.

17세기 후반부터 19세기 중반까지의 공선척수 및 탑승인원수는 〈표 2〉에서 확인할 수 있다. 다만, 현실적으로는 조공 사절에 부속된 다양한 경로를 통해 몇 배나 되는 인원수의 왕래가 있었다고 상상할 수 있다.

〈표 2〉 청대의 공선척(貢船隻) 수 및 탑승인 수

	중국 연호	국왕 연대	감합 번호	공선척수	탑승인수
제1기	순치(1644~1661) 강희(1662~1722) 옹정(1723~1735)	쇼 겐 쇼 시츠 쇼 시츠·쇼 데이 쇼 에키·쇼 게이 쇼 게이	인 64~74 의 1~119 예 1~26	7 79 18	652 7,571 1,642
제2기	건륭(1736~1795) 가경(1796~1820)	쇼 게이 쇼 부쿠(尚穆) 쇼 온·쇼 세이 쇼 코우(尚灝)	예 27~153 의 154~223	93 50	8,549 4,524
제3기	도광(1821~1850) 함풍(1851~1861) 동치(1862~1874)	쇼 코우·쇼 이쿠 쇼 다이 쇼 다이	예 224~298 예 299~323	57 19	5,290 1,767

	중국 연호	국왕 연대	감합 번호	공선척수	탑승인수
	광서	쇼 다이	예 324~359	25	2,340
			예 360	1	(89)
합계	349척 32,424인 1척 평균 92.9인				

注: 해적의 방해 때문에 도중에 회항한 배 3

출처: 赤嶺誠記, 『大航海時代の琉球』, 沖繩タイムズ社, 1988, p.14.

다른 한편, 류큐 왕조의 조공제도는 왕조 내부의 지역적인 분업에 따라 시행되고 있었다는 사실도 주목할 필요가 있다. 여기에서는 류큐·오키나와 내부의 지역적인 특징과 역할 분담의 차이에 따른 지역성을 확인할 수 있다. 청대의 조공 사절을 구성하는 지역별 직종의 분담 구성은 〈표 3〉과 같다.

〈표 3〉 지역별(계열별) 직종 분담 구성

슈리 계열	구메무라 계열	나하·도마리 계열
왕구	자금대부	직고(선장)
자건관	정의대부	대필자(초기)
이목관	조경도 통사	협필자(초기)
사절(세이도)	재선도 통사	대오주
재선사절	오송도 통사	협오주
(재부·관사)	재류 통사	시역
사양섬대사	재선 통사	남풍문자
대필자	화장(총관)	사방목
협필자	관생	

출처: 赤嶺誠記, 『大航海時代の琉球』, 沖繩タイムズ社, 1988, p.19.

다음으로, 정권 중추를 담당한 슈리 계열은 조공의 대표 그룹을 구성했고, 푸젠에서 온 귀화인을 주체로 하는 구메무라 계열은 대표단에 포함되는 것은 물론이고, 통역·교섭 사무 등의 구체적인 무역에 종사했다. 나하·도마리 계열은 조선操船을 중심으로 해서 참가하고 있었다.

제2장
류큐·오키나와를 둘러싼 아시아 해역

오키나와에서 바라본 아시아론

아시아사 연구는 아시아의 사유 방식에 따라 다양하게 논의되어 왔다. 아시아는 우선 유럽의 역외域外로 인식되었고, 이후 이것을 아시아가 스스로 지역 인식으로 전용한 역사를 가지고 있다. 후쿠자와 유키치福沢諭吉의 '탈아', 오카쿠라 덴신岡倉天心의 '아시아는 하나', 쑨원孫文의 '대아시아주의' 등이 대표적인 예이다. 여기에는 유럽에 대항하는 아시아의 내셔널리즘과 지역주의를 확인할 수 있다. 이것은 동서관계에서 파생된 아시아론이다.

그러나 아시아의 자기의식이 강해지면서 유럽과의 대비가 아닌 아시아 자체의 역사적인 동인을 탐색하려는 연구도 깊이를 더해가고 있다. 문명론적·지정학론적 아시아론과 화이질서에 기초한 조공 시스템에 대한 연구 등이다. 이 중에서 류큐의 아시아론, 즉 역내域內 교역 네트워크가 등장했다.

이후 유럽과 일본의 식민지 정책 등 기존과는 다른 광역 통치가 출현하기 시작했고, 동시에 민족주의와 국가 건설이 문제화되었다. 식민지·제국주의라는 역사 시대에 형태가 만들어진 아시아론이다. 이 시기 류큐는 오키나와현으로서 내셔널리즘의 내부로 편입되면서도 독자적인 민속·대외 관계를 유지해 왔다.

제2차 세계대전 이후 아시아, 아프리카 지역은 급격한 민족독립운동을 경험했고, 80년대 말의 냉전체제 붕괴는 새로운 아시아 연구와 아시아상을 추구하고 있는 듯이 보인다. 특히 70년대의 아시아 NIES신흥공업경제지역, 80년대 동남아시아 경제의 급속한 전개, 80년대 이후 중국 개혁개방 정책은 국가를 연결하는 복합적인 지역 관계를 출현시켰다. 특히 화교華僑·화인華人·인교印橋 네트워크, 베트남, 한국의 네트워크, 우치난추·네트워크는 일찍이 이산離散이라 불렸던 상황을 크게 바꾸어 상호간의 연계를 강하게 보여주고 있다.

또한 1997년에는 홍콩이 중국으로 반환되어 1국 2제도라는 역사적인 종주권적 지역 통치를 상기시키는 관계가 새롭게 만들어졌다. 이와 같이, 국가와 국가간의 관계로 파악해 온 아시아 인식의 방법은 해양국가 중국과 1국 2제도 지역의 등장, 국가를 연결하는 네트워크의 활성화를 총체적으로 파악해야 한다는 사실을 보여주고 있다. 그리고 이러한 상황 속에서 오키나와의 위치와 역할을 생각하고 아시아의 장기적인 역사 변동을 시야에 넣음으로써, 앞으로의 아시아 이해는 종주·주권·네트워크의 상호 작용과 해역·지역 관계를 논의해 갈 필요가 있을 것이다.

특히 지금까지 북쪽의 육지를 기초로 한 배외주권의 영역 국가의 역사로서 기술되어 온 근대 세계가 앞으로는 남쪽의 해역을 근거로 한 물적·인적·금융 정보가 이동하고 교류하는 아시아로서 검토할 필요가 있다고 할 수 있다.

아시아의 해역─바다와 국가

국가가 영역 국가로서 기능하고 국경에 따라 스스로를 타국과 구별하며 더 나아가 국가를 바다까지 확대하면서 200해리 경계와 남사군도南沙群島를 둘러싼 분쟁 같은 것을 발생시켰다. 국가를 유일한 속성으로 해서 모든 것이 최우선적으로 국가에 귀속되어 있었던 시대에는, 이와 같은 국가에 의한 배타적인 영토 보유와 국경에 의한 분할은 교섭과 충돌의 가장 중요한 과제였다. 그러나 국가 그 자체도 실제로는 지역 통치의 역사적 형태의 하나임에 지나지 않는다는 관점에서 생각해보면, 그리고 지역이 다층적·다원적인 구성과 내용을 가지고 있다는 사실을 돌이켜보면, 지역화하는 현대에는 지금까지보다 다양한 지역 구상이 가능할 것이다.

육지를 중심축으로 해서 육지와의 대비로 그려지는 바다는 해역의 의미를 충분히 전달하고 있지 못하다. 해역은 바다가 육지를 형태화하고 조건을 증명하고 있다는 인식 방법이다. 또 바다와 육지를 해안선으로 엄격하게 구별하는 것이 아니라, 육지까지 편입시킨 해역의 작용을 상정하고 있다.

현재 공간으로서의 아시아를 지역이라는 관점에서 살펴보면, 아시아는 해역에 의해서 가장 아시아다워진다고 인식되는 특징을 발견할 수 있다.

유라시아 동부 해안의 해역은 북쪽에서 남쪽으로 걸쳐 느슨한 S자 곡선을 그리면서 연결되어 있고, 대륙부·반도부·도서부의 윤곽을 형성하고 있는 해역의 연쇄는 아시아가 역사적인 아시아의 지정학적인 공간으로서 지형화된 전제를 이루고 있다고 생각한다. 덧붙여 말하자면, 해역은 해양ocean 만큼 크지 않고 만bay과 해협channel 만큼 접근해 있지 않은 바다sea를 가리킨다.

북쪽에서부터 아시아의 해역을 추적해보자. 오호츠크해가 캄차카반도와 시베리아 러시아를 만들어내고 있고, 더욱이 남하해서 동해·발해·황해로 이어지고 있으며, 동중국해가 한반도·일본열도·오키나와 남서제도를 만들고 있다. 좀 더 남하하면 두 갈래로 나누어지는데, 술루해는 반다해에서 아라푸라해, 산호해, 태즈먼해로 연결되어 있고, 자바해에서 서쪽으로 조금 전진하면 말레이해협을 지나 벵골만으로 이어진다. 이러한 바다와 바다가 교착하는 곳에서 나가사키·상해·홍콩·싱가포르 등의 교역 네트워크가 형성되었다.

조금 더 구체적으로 들여다보도록 하자. 북동아시아에서 동아시아에 걸쳐, 그리고 동아시아에서 동남아시아에 걸친 해역과 동아시아에서 대양주 주변의 해역에 걸쳐서 대륙부와 반도부 및 도서부에 포위되어 연결된 해역이 만들어지고 있다.

북쪽은 베링해가 시베리아 러시아의 동쪽 끝과 알래스카반도에 의해 지형화되어 있고, 남하해서 오호츠크해로 연결되어 동해·황해·

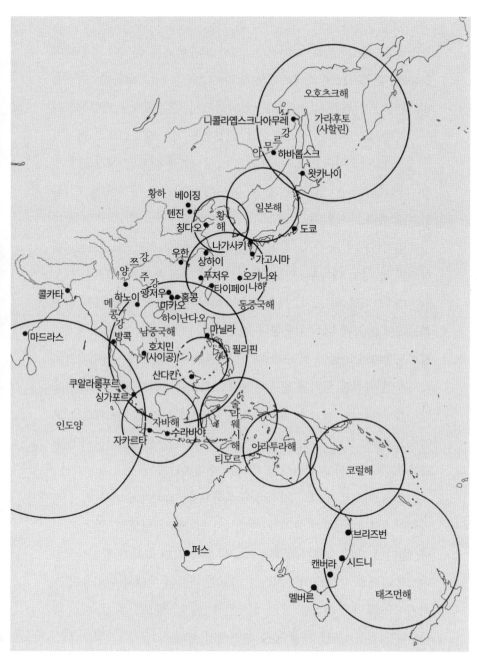

오호츠크해

니콜라옙스크나아무레 강

가라후토
(사할린)

르

아 무

하바롭스크

왓카나이

황하 베이징

텐진

칭다오

황
해

일본해

도쿄

쯔 강

우한

나가사키

양

상하이

가고시마

주 강

푸저우

오키나와

콜카타

메

하노이 광저우

홍콩

타이페이 나해

동중국해

콩

마카오

하이난다오

강

남중국해

마닐라

마드라스

방콕

필리핀

호치민
(사이공)

쿠알라룸푸르

산다칸

술
라
웨
시
해

싱가포르

인도양

자바해

자카르타

수라바야

아라후라해

티모르

코럴해

퍼스

브리즈번

캔버라

시드니

멜버른

태즈먼해

〈그림 3〉 아시아 해역도

동중국해·남중국해로 이어진다. 특히 남중국해는 해역이 중첩되어 있는데, 한쪽으로는 자바해에서 말라카해역을 지나 벵골만·인도양에 닿아있고, 다른 한쪽으로는 동남하해서 술루해에서 태평양으로 이어지며, 또 반다해·셀레베스해, 산호해를 거쳐 태즈먼해로 이어지는 연쇄를 만들어내고 있다. 북쪽은 중국 비단蝦夷錦부터 시작해서 생사·해산물·후추·염료·면포 등 아시아 국가간의 상품이 남북·동서로 교류하고 있었다.

유라시아대륙 동쪽 끝 지역 이외에는 북해·지중해·카리브해·멕시코만 등 몇몇 대륙부·반도부·도서부에 의해 포위된 해역을 볼 수 있는데, 그 규모와 크기, 연속성에서 아시아 동부의 광역 해역의 연쇄고리에는 크게 미치지 못한다. 또한 이 지역과 해역은 유럽 전체의 지정사地政史와도 닮아 있는데, 대륙부·반도부·도서부가 상대적으로 독자적인 역할과 위치를 점유하면서 조화로우면서도 각각의 주장을 강하게 확대시켜 나가는 역사적 계기를 가지고 있었다는 사실을 보여주고 있다. 그리고 각각의 움직임은 해역부·연해부의 역사적인 역할에 크게 좌우되고 있다고도 해석할 수 있다.

이것을 역으로 바다의 시점에서 생각해보면, 바다에 대한 역사 지리적인 인식의 심화가 육지를 형성시켜 왔다고도 말할 수 있을 것이다. 바다에 대한 이해가 심화됨으로써 육지 간의 교류가 활성화되었다. 또 바다의 습성을 깨우치려는 시도와 바다의 위력과 위협을 진정시키려는 노력은 계절풍 이용, 천체관측, 해도·항로도 작성, 해신 제사, 해항 건설, 조선 기술 등을 촉진시켜 왔다.

특히 해역이라고 하는 큰 바다도 아니고 작은 바다도 아닌 공간은 연해역沿海域·주해역周海域의 상호관계와 교섭을 강화시켜 왔다. 해역에 정치가 개입하는 경우에는 반드시 육지의 직접적인 연장으로서가 아니라, 해항 관리와 연해의 경영, 교역에 대한 특허 제도의 시행, 해신의 의미 부여와 해신 제사의 시행, 난민·표류민 보호와 귀국 보증, 해적 단속 등 '연해', '환해環海'의 역사적 습성에 따라서 그것에 개입하게 된다.

역사적으로 이와 같은 해역에서는 조공 관계에 따라 교역·외교·의례·이민이 행해졌다. 조공 관계 역시 직접적으로는 황제와 조공국 국왕과의 양자 관계였지만, 여기에 부차적으로 접속하는 형태로 특허 상인 그룹의 교류가 있었다. 더욱이 최대 규모를 자랑했던 그룹은 조공 사절에 동반된 민간 상인·선원들로서, 해항과 국경에서의 교역과 이민 활동을 전개했다. 그리고 이 모든 전체를 포괄하는 형태로 중국 황제의 종주권 또는 지정학적 덕치가 작용했다고 이해할 수 있을 것이다. 그 아래에서 각 조공국의 국왕은 황제로부터 수여받은 2품함二品銜이라는 품격에 있어서 대등했으며, 조공국의 왕, 지방독무와 장군, 중앙 예부는 모두 동등한 2품함으로 평행한 문서 왕래 관계를 유지했다. 이것은 중국 주변부의 왕권 상호간에 네트워크가 형성되었다고 이해할 수 있고, 조선·류큐·베트남·말라카·샴 등은 국왕 상호간에 평행적인 문서 왕래가 이루어지고 있었다고 할 수 있다.

이와 같이 아시아의 해역은 종주권과 그것에 번속하는 조공국이라는 다른 차원의 통치 레벨로 경영되었다. 종주권은 번속의 전체를 포섭하였고, 번속국 내부는 일종의 국왕주권이 보장되었다. 이 국왕 주권이 유럽 여러 국가와의 외교 교섭에서는 '국가 주권'으로 오독되었고, 다른 한편으로 종주국 역시 국가 주권으로 오독되어 이해되었기 때문에, 표현이 동일하면서도 역사 범주를 달리하는 두 종류의 동아시아 '주권'은 끊임없이 문제를 발생시키게 되었다.

그러나 이러한 문제를 바다라는 관점에서 살펴보면, 두 개의 주권은 서로를 인지하는 수단이었고, 양자가 배타적으로 주권을 주장하거나 영역과 해역에 대한 관리권을 분할 독점하려 했던 성질의 것은 아니었다고 볼 수 있을 것이다.

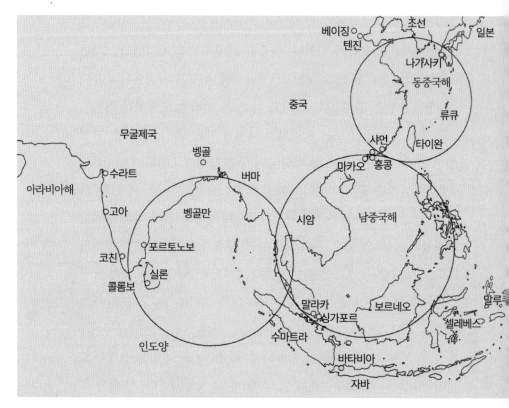

〈그림 4〉 바다에서 바라본 동아시아와 동남아시아(18~19세기)

해역의 성립과 남서제도의 입체 구조

동아시아·동남아시아라고 표현되는 지역도 그것들을 동중국해·남중국해에 따라 만들어진 해역 세계라고 생각함으로써, 역사적인 지역·해역 시스템을 보다 더 합리적으로 이해할 수 있을 것이다. 여기서 작동하는 해역 세계는 결코 단순하게 바다라는 평이하고 단조로운 확장성을 가리키는 것은 아니다.

해역 세계는 다음과 같이 세 가지 요소의 복합으로 구성되어 있다. 첫 번째는 연해지역으로서 구성된, 바다와 육지가 교섭하는 지역·해역이다. 청조 초기에 바다에 의거해서 반청활동을 전개한 정성공鄭成功의 영향력으로부터 연해 주민을 분리시키려고 했던 순치제의 1661년 '천계령遷界令' 등은 연해 지역이 고유한 해역 세계의 구성 요인이었다는 사실을 보여주고 있다.

두 번째는 연해의 해역 지역을 구성 요소로 해서 만들어진 환해環海의 해역 세계이다. 여기에서는 해역을 중심으로 하고 그 주변에 교역항, 이민 도시가 형성된다. 이러한 교역항은 내륙에서 바다로 향하는 출구로 위치하기보다는 해역 세계 상호를 연결하는 교차점으로 존재하고 있다. 예를 들면, 역사적으로 볼 때 중국의 연해 해역 지대에 속하는 닝보寧波의 상인은 내륙과의 교역보다도 연해역 및 해역에 걸친 교역으로 재산을 축적했다고 볼 수 있을 것이다. 특히 나가사키 교역에서 닝보 상인 집단은 중요한 역할을 맡고 있었다. 환해문제는 현재, 환동해와 환황해의 논의에 재등장하고 있다는 사실도 주목할 필요가 있다.

세 번째 해역을 구성하는 요인은 해역과 해역을 연결하는 역할을 가지며 형성된 항만도시이다. 예를 들면, 동중국해와 남중국해를 매개로 해서 상호 해역을 연동시키며 보다 다각적이면서도 광역적으로 해역 세계를 기능하게 만든 역할을 담당한 곳은 류큐의 나하, 광둥의 광저우, 마카오, 그리고 19세기에 접어들어 이러한 지역과 대체한 홍콩 등을 들 수 있을 것이다. 또 남중국해와 인도양을 매개하는 항만도시로서 말라카와 이후 이곳을 대체한 싱가포르, 인도네시아의 아체 등을 들 수 있을 것이다. 이처럼 연해沿海·환해環海·연해連海의 세 가지 요소에 의해 성립된 해역 세계는 육지와는 다른 다원성·다양성

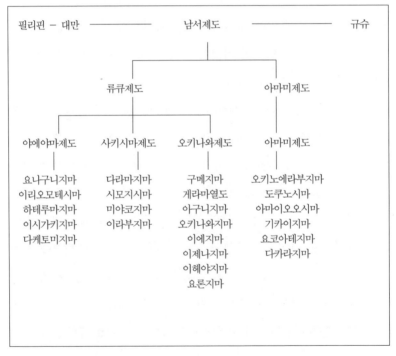

〈그림 5〉 남서제도의 입체 구조(섬 이름은 일부 생략)

· 포섭성을 가진 개방적인 다문화 시스템의 세계였다고 볼 수 있다.

오키나와 또는 오키나와제도라고 하는 것은, 마치 단일한 섬이나 오키나와섬이 전부인 것과 같은 표현이지만, 실제로 섬들의 구조는 제각각 지정학적인 분업 관계를 가지는 통일체이다. 동시에 가까이는 아마미·규슈로 연결되어 있고, 남쪽으로는 대만과 필리핀으로 이어지는 남북관계를 중계하고 있으며, 서태평양과 동중국해 또한 중계하고 있었다〈그림 5〉 참조).

도서는 화이지정론華夷地政論의 관점에서 보면, '중화華'의 밖에 존재하면서 상호 연락이 곤란한 '도이島夷'였다. 그러나 이것을 해양의 관점에서 보면, 섬은 항만이고 이동과 집산의 네트워크 센터였다. 더욱이 이것을 섬 세계라는 시점에서 살펴보면, 내부와 외부로 엄격하게 구별된 섬의 아이덴티티를 가진다. 예를 들어 류큐는 각각의 섬이 섬 세계로서 완결되어 있는 동시에, '중화華'에서는 대류큐·소류큐·류큐 등으로 보고 있으며 현재의 대만에서 오키나와를 경유해서 아마미 제도까지 이어지는 일련의 섬의 고리로 인식하고 있었다고 생각된다.

이와 같은 도서 네트워크는 해역의 주변을 따라서 형성된 무역 도시와 이민 도시가 그 도시를 중심으로 해서 제각각 배후지를 만들고, 그 배후지 관계가 교역과 이민을 보다 적극적으로 추진하게 하는 관계를 가지고 있었다. 나하를 중심으로 한 배후지 관계는 동쪽으로는 태평양 제도가 있고, 북쪽으로는 규슈에서 한반도, 규슈에서 서일본으로 연결되어 있었으며, 서쪽은 푸젠성 푸저우를 중심으로 하는 화남 연해 일대로 이어진다. 남쪽은 다시 동서로 나누어, 대만 동부에서 필리핀으로 연결되는 동쪽 루트와 대만 해협을 경유해서 동남아시아로 연결되는 서쪽 루트가 존재하고 있었다〈그림 6〉 참조).

지금까지 변경사邊境史, 주변사周邊史로서 도서가 파악된 경우에는 주로 두 가지 이유가 있었다. 첫째는 '국가' 영역의 균일성, 균질성이 이념으로서 강조될 때에 주변 지역은, 특히 도서부는 '이도離島'라고

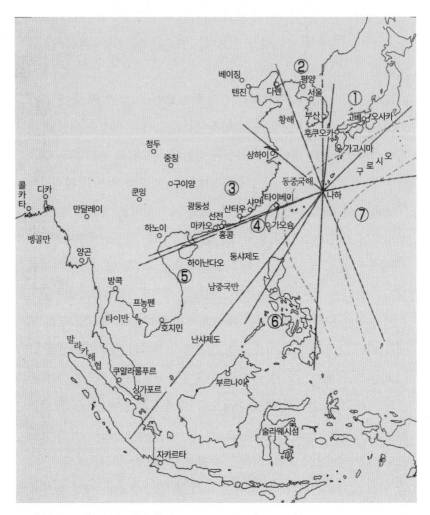

〈그림 6〉 류큐·오키나와의 배후지 관계

표현될 때도 있듯이 다른 지역, 특히 '본토'와의 차이성과 더 나아가서는 "후진성"이 지적되기도 한다. 여기에는 모든 국민은 국가 아래에 균등한 이익을 균점해야 한다는 함의가 강하게 작동하고 있었다. 그리고 동시에 그러한 조건을 실현하고 있지 않은 국가의 정책을 비판하는 근거를 만들었다.

둘째는 현실적 문제로서의 국가의 중심성·중앙성·구심성이 강조되고 목표가 된 결과, 주변이 보유한 "독자성"은 균질화의 대상이라기보다 오히려 중앙으로부터 원조·보조의 대상이 되었다는 '주변' 정책사政策史로부터 야기되는 문제이다. 그 배경으로는 국가와 국민이라는 획일적인 표현 및 양자의 관계가 그 이외의 민족과 지방 사회, 습관과 지역성 등의 이질성을 '국민국가'로서 보다 균일한 이념 아래에 포섭하려고 했던 것이었지만, 이질성 그 자체의 근거를 해소하려고한 것은 아니었다는 현실적 문제가 존재한다.

그러나 주변사와 변경사를 그러한 스스로의 사례에서 찾아본다면 어떠한 역사적 시야를 확보할 수 있을까. 단적으로 말하자면, 주변과 변경은 이문화와의 접촉면과 상호 교류의 장을 구성하고 있고, 이문화 간의 교섭의 장을 만들고 있었다고 볼 수 있다. 달리 말하자면, 아시아의 여러 국가들은 그와 같은 새로운 구심성과 중심성을 획득하기 위해서, 역사적으로는 주요한 교섭의 장소이며 이문화·이민족이 교류하는 장으로서의 대외관계의 "중심"을 새롭게 그것과는 다른 중심을 만듦으로써 주변을 대체할 수 있는 것을 시도했다. 메이지기에 규슈와 류큐를 주변화하고 중심을 간토로 교체시킨 형국이다.

그 결과 종래의 다원문화의 영역과 지역간의 교류의 장은 급속도로 바뀌어 배타적으로 일국적 주권이 행사되어야 하는 장이 되었고, 분쟁의 장으로서 등장하게 되었다. 그러나 역설적 관점에서 보면, 국가 주권이 행사되어야 하는 장으로서의 분쟁지역은 역사적으로는 지역간 교류의 장이고, 사람과 물건과 정보가 왕래하며 다원적인 문화가 교섭하는 장소였다고 이해할 수 있을 것이다.

아시아의 해양 패권

해양 통치도 지역·해역론의 중요한 과제이다. 청나라 학자 위원魏源은 아편전쟁 이후에 『해국도지海国図志』를 편찬하여 국가의 이해가 해양과 얼마나 밀접하게 관계되어 있는지 역설했다. 이른바 해양력Sea Power이 가지는 중요성을 지적하고 국가와 해양 통치와의 연관성을 기술했다.

동아시아에서 동남아시아에 걸쳐 형성된 조공·이민·교역 네트워크는 동중국해와 남중국해를 연결하는 광저우, 남중국해와 마카사르 해협에서 인도양을 연결하는 말라카에 의해 연결되어 있었다. 그리고 이곳 해협을 통해서 유럽 각국이 아시아의 부를 쫓아 아시아 교역에 참가했다. 6세기 이후 유럽 각국의 해양 패권을 둘러싼 경쟁은 스페인과 포르투갈에 의한 세계 분할을 거쳐 네덜란드·영국·프랑스에 의해 추진되었다. 이른바 왕권 하에서 이루어진 중상주의 정책 역시 다른 한편에서는 해양을 둘러싼 경쟁이었다고 볼 수 있다. 그 과정 속에서 휘호 호로티위스Hugo Grotius의 『자유해론自由海論』이 집필되는데, 이 책의 해양 자유화 구상 역시 실은 포르투갈의 인도양에서의 패권에 대한 네덜란드 동인도회사의 도전이었다는 점을 참작한다면, 중상주의 시대는 해양 패권을 다투었던 시대이기도 했다. 그리고 양자의 충돌이 인도양에 대한 요충지이자 동남아시아와 인도를 연결하는 중계점이며, 무엇보다도 인도양과 남중국해를 연결하는 중계 기지였던 말라카에서 발생했다는 사실도 충분히 유의해 둘 필요가 있을 것이다.

래플스Thomas Stamford Raffles가 왜 이곳 해양에 도래해서 싱가포르를 건설하려고 했는지에 대한 부분도 해양을 둘러싼 경쟁과 전혀 관계가 없는 것은 아니다. 남중국해의 해양 패권을 장악한 뒤 얼마나 빨리 동아시아의 중국·일본에 도달할 것인가가 가장 긴급한 과제였기 때문이다. 다만, 싱가포르가 역사적으로 전략적인 거점이었다는 사실은 결코 래플스가 처음 '발견'하거나 만든 것은 아니다. 이미 이곳 지역·해역에서는 기원전 100년부터 10세기에 걸친 슈리비자야시대가 있었고, 그 이후에 말레이·잠비시대1025~1075, 고대 싱가포르시대1275~1400, 말라카시대1400~1511, 조호르·리아우시대1511~1780, 네덜란드·부기시대1700~1819가 존재했다. 이를 통해 해양 전략 거점으로서의 싱가포르가 지정학적으로 중요한 위치를 계속해서 점유하고 있었다는 사실을 알 수 있다.

인도양 역시 역사적으로 중요한 해양 전략을 앞 다투어 경쟁하는 지역이었다. 이곳에서도 '인도양에서의 포르투갈부터 영국까지의 파워 밸런스 변화', '영국의 인도양 정책', '서유럽과 인도양', '국제무역' 등과 같이 많은 테마가 존재하고 있다.

이와 같이 동아시아와 동남아시아의 관계, 더 나아가 남아시아와의 관계는 바다를 둘러싸고 형성되는 지역·해역 간의 교섭 관계였다고 이해할 수 있을 것이다. 앤서니 리드Anthony Reid는 동남아시아를 다음과 같이 그려내고 있다.

동남아시아는 이러한 변화의 중심에 존재했던 상업의 확대에 대해서 17세기까지 계속해서 주인의 위치에 있었다. 상업은 모든 장소에서 사상을 발달시켰고, 그 사상은 도시를 비옥하게 만들었다. 그리고 이러한 이점을 신속하게 활용하여 엘리트와 국가를 강화하는 작용을 가지고 있었다. 그러나 17세기 중엽의 '상업혁명'은 이 지방에 대한 상업 작용의 성질을 심각하게 변화시켰다. 이 지방의 여러 도시가 쇠퇴하고 국제무역에서 탈락했고, 또는 네덜란드의 상업 독점에 패배함으로써 변화의 행보는 늦어지기 시작했다. 어떤 측면에서는 역행하는 현상조차 나타났다. 그 결과 발행한 상대적 고립은 무역 열위에 위치하는 나라들이 15세기와 16세기에 형성한 특징의 대부분을 19세기까지 정체시키게 되었다. 그러나 제국주의와 자본주의가 19세기에 노도와 같이 그들을 집어삼켰을 때에는 이러한 국가들은 대항해시대에 이루어낸 것처럼 더 이상 침입자와 대등하게 싸우는 것이 불가능한 상태가 되어 있었다.[1]

여기에 나타난 동남아시아는 18세기 이후의 '서양의 충격'에 의해 붕괴되는 것으로 파악되고 있다. 그러나 '서양의 충격'은 주요한 교역항에 한정되어 있었던 것이고, 또한 '연해連海' 지점을 중심으로 한

---

1 A·リード, 平野秀秋·田中優子 譯, 『大航海時代の東南アジアⅠ』, 法政大學出版局, 1997, p.43.

표면적인 것이었다.

이와는 달리 '환해'를 둘러싼 교역은 해역에 따라 활발하게 전개되고 있었다. 특히 현지 왕권의 적극적인 중상주의 정책이 눈길을 끈다. 아유타야를 중심으로 하는 해외 교역에서 벵골만 무역에 대한 타이 국왕의 투자 활동을 이시이 요네오石井米雄는 다음과 같이 요약했다.

> 왕의 투자에 의해 코로만델 각국으로부터 들여온 주요 수입품에는 각종 인도산 직물이 있다. 아유타야에서 온 주요 수출품은 코끼리였다……. 인도산 직물은 테나세림을 경유해서 아유타야로 들어왔지만, 테나세림·아유타야 간의 요충지를 관장하는 관리에 모두 이슬람교도가 임명되어 있었다는 사실은 남중국해 무역의 직접적인 담당자가 모두 중국인이었다는 사실과 함께 아유타야왕의 지극히 실천적인 사고 방식을 반영하고 있다.[2]

위의 인용문에서 지적하고 있듯이, 타이 국왕의 중상주의 정책은 류큐 국왕에게도 충분히 참고해야 할 유사한 위치에 있었다고 생각된다. 이에 관해 시라이시 다카시白石隆는 다음과 같은 역사적 전개를 서술하였다.

> 동남아시아도 역사적으로 관계되어 있던 중국의 명·청 두 왕조의 조공무역은 18세기로 끝이 나고, 부기스를 중심으로 한 교역의 새로운 담당자가 등장하였으며 영국과 화교 네트워크가 그것을 엄습한다.

---

2 石井米雄,『夕イ近世史研究序說』, 岩波書店, 1999, p.153.

19세기 초, 동인도 무역을 지탱했던 것은 화교 네트워크가 아니라 부기스인 네트워크였다. 이 네트워크는 말라카를 요충지로 해서 말라카 해협에서 리아우, 링가제도, 자바, 보르네오, 더 나아가 발리, 셀레베스, 몰루카의 동방제도로 확장되어 있었다.[3]

이를 통해 한편에서는 '연해'를 둘러싼 교역 네트워크와 유사한 활동을 발견할 수 있을 것이다. 동시에 다른 한편으로 류큐에서는 조공 활동이 기능하고 있다는 류큐·오키나와의 시점에서 동아시아와 동남아시아의 관계를 생각하면, 다층적인 동남아시아 모습을 보여주는 것이 가능해진다.

류큐·오키나와에서 바라본 동남아시아

류큐 왕조는 바다를 의지해서 형성되었다고 봐도 과언이 아니다. 오키나와제도의 동쪽에는 쿠로시오 해류가 흐르고 있고, 태평양의 서쪽 끝에 위치하고 있다. 따라서 이곳 쿠로시오 벨트에 의해 필리핀, 대만 동부, 오키나와, 아마미, 나아가 일본열도의 태평양 연안은 연결되어 있다. 역사적으로는 폴리네시아, 미크로네시아 등과 같은 태평양제도와의 교류 가능성을 가지는 동시에, 그 이후 스페인의 마닐라 무역과 미국 서태평양의 포경 코스와도 겹친다.

---

3 白石隆, 「歷史のリズム」, 『中央公論』, 1999, 7月, p.295.

조선의 지식인이었던 신숙주는 15세기에 이미 『해동제국기海東諸國記』를 집필하여, 한반도 남부에서 규슈, 오키나와에 걸친 해역과 도서를 그려내었다. 거기에 기술되어 있는 많은 나라들은 국가로서의 나라가 아니라, 제국풍토기諸國風土記로서의 나라이다. 또한 동중국해의 동쪽 둘레를 이루고 있는 일대는 하나의 연속성을 가진 해역 도서 벨트로 인식되었다.

원대의 기록인 왕대연汪大淵의 『도이지략島夷志略』1349, 서문에 따르면, 즉 류큐는 대륙의 시점에서 바라본 대만으로 나타나고 있다. 확실히 현재에도 대만의 남단에 류큐라는 지명을 확인할 수 있다. 명대가 되면, 류큐는 현재의 오키나와를 가리키게 된다. 대류큐와 소류큐라는 구별을 거친 이후, 대만은 둥판東番, 둥강東港, 베이강北港, 지룽산鷄籠山, 단수이淡水 등의 이름으로 불리었다.

또한 아라이 하쿠세키新井白石는 그의 저서 『남도지南島志』 속에서 중국의 정사에 근거하면서 류큐의 역사를 개관하고 있다. 이 책에서는 중국의 시야에서 류큐의 위치가 규정되어 있고, '일본'의 시점에서는 포착되어 있지 않다. 하쿠세키가 기술하고 있는 일본 아이덴티티에 대해서도 대단히 큰 관심을 갖게 된다. 그리고 동시에 명대에 이르기까지의 류큐는 지금의 대만에 해당하고, 지금의 류큐는 소류큐로 불린 위치에 있었다. 현재의 대만과 류큐는 민난閩南이라는 푸젠성 남부의 시야에서 보면, 일련의 연결되어 있는 도서였던 것이다.

이러한 류큐·오키나와에 대한 시각을 보면 근대 국가의 시점에서는, 특히 일본으로 편입된 오키나와에 대해서는 독립된 류큐 왕국이 위치하지 않으면 안 된다. 동시에 그 지정학적 위치에서 보면 국가의 일부인지 아니면 독립적인지의 문제를 넘어서, 해양 네트워크로서의 류큐·오키나와의 위치와 역사적인 역할을 확인할 수 있다. 이러한 점에서 '현지縣志'와 위상을 달리하는 지정론地政論의 대상과 방법으로서 류큐·오키나와를 검토하는 역사적인 근거가 있는 것이다.

'해역 모델'은 지금까지 국가를 단위로 한 국가간 관계에서 형성된 지역 모델에 대해서, 오히려 국가를 구성하는 역사적 배경이었던 종주권에 기초한 광역 지역 모델을 고안하여 해역이 가지는 역사적인 역할을 전면으로 내세우려 한다. 해역은 육지와 육지를 연결하는 수단이 아니라 오히려 지역간 관계의 통치 이념을 형성시킨 지역 질서를 가진 장소로 생각해야 한다. 특히 아시아를 생각할 때, 아시아 해역은 그 해역의 연속성에 따른 특징을 가지고 있고, 이 아시아 해역이 아시아라는 광역 지역, 특히 동아시아와 동남아시아에 걸친 광역 지역의 역사적 특징을 형성했다고 생각되기 때문이다.

오키나와의 지정학적 위치를 생각하면 페리가 일본의 개항을 생각했을 때, 류큐 왕조를 통해서 그 목적을 달성하려고 했다는 사실은 해역의 사고방식에서 본다면 충분히 이해할 수 있는 부분이다. 왜냐하면 조공체제 속에 있었던 류큐, 사쓰마 또는 에도막부 하에 있었던 류큐는 청조와도 일본과도 교섭 가능한 중계지라고 간주되었기 때문이다. 이른바 거대한 화이질서 속에서 위성적 화이질서에 해당하는 일본과의 교섭을 행하기 위해 먼저 류큐를 선택했다는 사실에서 해양이라는 장소와 논리로 막부를 끌어내려는 의도를 엿볼 수 있다.

에도막부는 그것에 대해서 일일이 대응하지 않고, 오히려 개국에 대한 동기를 강화시키기라도 한 듯이 나가사키를 무시하고 우라가浦賀

에서 맞이하게 되었다. 그러나 페리 일행이 동남아시아, 홍콩, 류큐, 나가사키를 경유한 정보는 이미 에도에 도착해 있었다. 결코 잠을 깨우는 증기선上喜撰이 아니었음에도 불구하고 해양의 문맥을 단절시키기 위해서 그렇게 행동했던 것이다.

그리고 페리 측에서 봐도 막부가 인정하고 있는 나가사키가 아니라 우라가에서 진입하려고 했다는 것은 해양에 대한 정치적인 영향력을 확대하려는 목적에서 보면 지극히 당연했다고 할 수 있다. 일본이 류큐를 준조공국으로 취급하고 있었다는 사실을 숙지하고 있었기 때문이다. 동시에 막부 쪽에서도 우라가로의 진입은 결코 청천벽력이 아니었다. 막부는 개국을 해야 하는 근거를 제시하는 조건으로 보다 강력한 자극이 필요했던 것이다. 여기에서는 일본 개국의 국제 외교의 문맥을 동남아시아 해역에서 동아시아 해역으로 이어지는 해역 네트워크의 역사적 작용의 연장선상에서 파악하는 것이 가능하다.

해역이라는 정치 공간

해역 통치는 군사력에 한정된 것이 아니다. 역사적으로 보면, 해역에서의 군사력 행사는 국가 주권의 영향력을 바다로까지 확대하려고 해서 시작된 것이다. 국가 주권 또는 영역 국가적 사고의 직접적인 연장선상에 해양력을 확인하는 것은 지정학 본래의 사고와는 익숙하지 않다고 볼 수 있다. 지정학적 측면에서 해양을 생각하면, 해양은 본래 그 자체가 열린 체계로서 연해沿海・환해環海・연해連海의 삼층 구조를 가지며, 다른 것과의 교섭을 통해서 성립되는 장소이다.

따라서 해양을 배타적으로 국가 주권 아래로 포섭하려고 하는 사고는 19세기 이후에 특징적으로 나타나는 제해권制海權의 사고이다. 해양에서의 군사력은 바다 민족과 육지 민족과의 교섭의 과정이며, 교역 질서를 유지하기 위한 목적을 가지고 행해진 보조적 수단이었다. 연해 교역이든 장거리 교역이든 바다는 교류의 장이라고 하는 지정학적 특징을 가지고 있다.

그러한 바다에 대해서 정치적 통치를 확대하려고 할 때, 역사적으로는 연해 지역사회의 대립을 조정하는 방법이나 민간 해사 활동을 관이 인정하는 형태, 민간의 해신海神에 관이 개입하는 형태로 이루어졌다. 중국에서는 송나라 시대 이후, 푸젠성 푸톈현莆田縣 메이저우湄州에 등장한 바다의 수호신인 마조媽祖가 동남 연해로 퍼져나갔다. 원나라 시대가 되면, 동남 연해에 영향력을 확대하기 위해 황제는 이 해신에게 황후의 작위를 부여함으로써 지위를 격상시키고, 천후묘와 천비궁이 다수 건립되게 된다. 이 과정에서 정치권력은 민간 신을 황제 아래의 위계질서로 편입시키고 지역 행사에 개입함으로써 정치적인 영향력 확대를 실현하고자 했다. 민간에서도 필요에 따라 행정 권력을 이용했던 것이다. 해신을 이용해서 마조 신앙권이라고 할 수 있는 범위까지 이른 해역 통치라고 이해할 수 있을 것이다.

연해민이나 어민, 해상 등의 바다의 '주민'은 연해沿海와 환해環海, 그리고 연해連海 등과 같은 다양한 바다를 연결시키기도 하고 구분하기도 하면서 바다를 경영해 왔다. 해신과 수신을 섬기고 자연과 관계를 맺으며 자연의 주기에 맞춘 생활이 존재했다. 그리고 그것에 대해서 정치나 권력이 육지로부터 또는 해역 그 자체에 대해서 관여해 왔다. 그것들은 해신에게 정치적 권위와 권력을 부여한 것에서부터 주권과 종주권, 제국과 식민지까지 중층적으로 중첩되어 있고, 영역문제나 국경문제를 끊임없이 발생시켰다.

역사적으로 보면, 남중국해에는 중국·인도·이슬람·유럽 문화권이 교착했는데, 지방적 정권에 영향을 주기도 하고 정권 자체를 만들어 내는 경우도 있었다. 또한 지방적 정권은 중국의 덕치를 반영하는 형태로 권력의 모습을 드러내며 중국과 조공 관계를 맺고 그러한 관계성을 모방하면서 스스로 주변 지역과의 관계를 만들어갔다. 의례와 종교, 그리고 권위와 위덕을 중심으로 한 종주−번속관계에는 바다라는 공간이 그 지역간 관계 형성에 커다란 역할을 수행하고 있었다고 할 수 있다.

바다라는 공간은 먼저 광역지역을 구성하는 다문화·다민족·다권력의 상호관계를 만들어내는 성격이 있고, 다음으로 연해 경유이든 해역 횡단 항로이든 대량의 물자와 인원의 수송을 가능케 하는 수단으로서 대단히 중요시되었다. 더욱이 해산 자원의 존재가 배후지나 내륙과의 교역에 있어서 또는 남북 교역에 있어서 일상생활·사회생활에 커다란 영향을 끼치고 있다.

해역 안의 섬들은 영역으로서 스스로를 표현하기보다는 다른 지역과의 네트워크를 만듦으로서 스스로 유지를 도모해 왔다고 할 수 있다. 그러나 국가라는 상위 개념이 설정된 후, 섬 그 자체에도 국가의 체제를 부여할 것을 요청했으며, 바다의 시점에서가 아니라 육지의 연장으로서 해역을 분할하고 섬을 포섭하게 되었다. 그러나 바다라는 역사 공간이 제시해 온 인간사회와의 관계의 중층성과 서로 뒤얽히며 관여해 온 양상을 다시 파악할 때, 남사군도南沙群島 등의 분쟁에 대해서 보다 현실적인 방향을 도출시키는 노력이 가능해지는 것은 아닐까.

이와 같이 살펴보면, 더욱이 입장을 바꾸어 처음에 제시한 오키나와의 새로운 방향의 발견에 대해서 해역의 역사는 어떠한 시사점을 우리들에게 제공하고 있는 것일까.

바다의 역사인 다지역·다문화·다민족의 교류와 교섭을 강하게 염두에 둔 방향이 전제가 된다면, 그것은 국가 형성과 그에 대한 집중을 중심 과제로 여겨 온 일본과 오키나와의 역사를 동아시아·동남아시아의 광역 지역에 대해서 합리적으로 연결시키는 지역으로 구분할 수 있다. 나아가 환해지역의 형성이나 연해와 내륙을 조합하면서 지금까지 중앙으로 연결시켜 온 지역 분절을 각각의 아시아를 향해 확대시켜 나가는 구상을 요구할 수 있을 것이다.

지역의 다이너미즘

유라시아대륙 동쪽 끝의 대륙부와 주변의 반도나 도서로 구성된 동아시아는 국가에 의해 구획은 되어 있지만, 동시에 많은 지역적 내실을 포함하고 있고 게다가 문화적인 포섭성을 가지고 있다. 이러한 사실은 바다를 중요한 역사 주체로 하는 동아시아가 다민족·다문화·다지역에 의해 구성되어 있는 특정한 하나의 정체政體라는 사실을 의미하며, 이 광역 지역이 가지는 다원성은 다양하게 내적·외적인 지역과 해역의 다이너미즘을 만들어냈다. 그것들은 연해와 내륙과의 관계 및 남방과 북방과의 관계를 포함하며, 중국뿐만 아니라 그 주변 지역과 국가, 더 나아가 광역 지역의 다이너미즘을 만들어내는 역사적 중심이었다.

역사 연구가 지역의 다이너미즘을 음미하는 것을 고유한 과제로 하고 있음을 생각하면, 중국 및 동아시아의 지역과 해역을 둘러싸고 만들어진 광역 질서와 그 다이너미즘을 밝히는 것이 해양을 둘러싸고 발생하는 바다의 국경 문제에도 역사적 위치 정립을 부여하는 열쇠가 된다고 생각한다. 이하에서는 몇몇 키워드를 중심으로 이러한 문제에 대해서 생각해 보도록 하자.

● 중앙과 지방의 상호 전환

각각의 왕조 시대 및 몇몇 왕조에 걸친 기간 속에서 중앙이 권력과 권위를 집중시켜서 지방을 복속시키는 시기가 확인된다. 왕조의 설립기와 전성기에는 이러한 특징이 나타난다. 그러나 정권 말기와 전환기에는 지방의 역량이 대두되고 중앙과 교체되는 국면이 존재한다. 당나라 말기의 번진藩鎭이나 1930년대의 군벌시대 등이 이에 해당하며, 명대 중기의 사상가이며 정치가인 고염무가 묘사한 집권론과 분권론에 관한 논의 역시, 양자가 병존하면서 국면이 달라지면 세력이 교체됨을 지적하고 있다고 할 수 있다.

● 중심과 주변의 상호 전환

'중국'황제를 중심으로 동아시아·동남아시아의 광역 지역에 걸쳐 만들어진 조공·책봉 체제는 조공국으로서 조선·일본명대 중기까지·류큐·필리핀·베트남·캄보디아·미얀마·태국을 포함하며, 이들은 중국과의 양국 사이에서 조공·책봉 관계를 형성함으로써, 시간과 정치 의례·위계제도·교역관계를 공유하는 지역 공간을 만들었다. 이 공간에서는 조공국의 국왕이 동등하게 중국 황제로부터 2품함의 위치를 부여받고 평행적 관계를 만들었다. 또 류큐 등은 자국에서 생산되지 않는 후추와 소목을 조공품으로 바치기 위해 태국 국왕에게 사절을 파견하기도 했다. 이와 같이 조공국 상호간에도 동등한 자격으로 교섭·교류를 했고 교역·이민·조공의 다각적 네트워크를 만들어냈다. 이슬람 상인이나 이후 서양의 진출 역시 이 조공 관계 네트워크에 참가하는 방식으로 가능했다. 15세기 초, 정화鄭和의 서양 원정에서 나타나는 이슬람권과의 교섭이나 포르투갈과 네덜란드가 조공국으로서 아시아를 상대로 하는 무역에 참가한 사실 등이 존재한다.

● 종주권과 주권의 상호 교체 – 지정地政과 권정權政

국가를 논의하는 경우의 주권과 아시아의 역사 속에 나타나는 종주권은 비슷하면서도 다른 것일까 아니면 부분적으로 중첩되는 부분이 존재하는가. 더욱이 종주권은 그 연장선상에서 국가 주권을 전망할 수 있었던 것일까. 중국은 역사적으로 볼 때 광역 통치를 실현하기 위해 직접 통치 방식이 아니라 종주−번속관계를 통한 위덕정치威德政治를 펼쳤고, 화이 이념에 따른 문화적 귀속감을 공유시켰다. 이에 대해 조공국 측은 때로는 주권 정치의 방책을 취함으로써 화와 이를 전환시키려고도 했고, 중화를 자신의 아래로 환골탈태시켜 소중화小中華를 표방하려고도 했다. 이와 같은 양자의 교체는 19세기부터 20세기에 걸쳐서도 확인되며, 19세기 중반 서양을 도입하여 종주권에 대항하려는 움직임이나 대아시아주의·대일본주의·대동아 등의 등장에 따라 주기적으로 나타났다. 남사군도南沙群島를 둘러싼 중국과 주변국 사이 구도의 유사성 역시 지적 가능하다.

● 남과 북 – 남의 재력 · 북의 권력

광역지역의 다이너미즘은 남과 북의 관계 속에서도 확인된다. 재력 확보를 위해서 남쪽으로 전개하여 해양 교역의 직접 관리와 화남 개발을 이루었다. 북으로의 전개는 권력의 집중 강화에 따라 한층 더 밀접하게 관계되어 있었다. 역사적으로는 북의 새방塞防, 남의 해방海防으로 표현되는 이러한 현상은 언어적인 측면에서 방위를 의미하지만, 일반적으로 중앙에 의한 관리 강화를 의미했다.

또 남으로의 개방은 동중국해에서 남중국해에 이르는 해역의 부와 교역을 전망했음을 의미하고, 남양이라고 불리는 해역은 이민·교역·조공·송금 네트워크가 형성되어 있었다. 그뿐만 아니라 각 조공국에서 조공 무역을 담당한 상인들은 대부분 푸젠·광둥으로부터의 이민 그룹이었다는 사실도 이러한 네트워크를 실질적인 것으로 만드는 요소이기도 했다. 그리고 국가 레벨의 상업정책에 따라서만이 아니라, 보다 지역적 사회 통합의 내용인 동족·동향·동업 간의 네트워크가 강하게 작용하고 있었다는 사실도 간과할 수 없다.

• 개開와 폐閉

대내적·대외적인 이유에 따라 대륙부 동안東岸·동남 연해 지역은 개방되기도 하고展海 폐쇄되기도 했다海禁. 개방은 민간의 대외활동을 활성화시켜 화남으로부터의 재부의 흡수를 도모함을 의미하고, 폐쇄는 북의 정권 강화를 추구하는 것을 목표로 했다. 이민은 기본적으로 청대 말기에 이르기까지 인정되지는 않았지만, 역사적으로는 특히이 개방기에는 대외관계가 왕성해짐에 따라 활성화되었다. 해금정책은 해방정책과 관련해서 추진되었고, 외부로부터의 정치적 영향을 차단하는 것을 목표로 했다. 청대 초기 대만에 의거해 반항한 정성공鄭成功을 고립시키기 위한 해금령海禁令 등이 존재하지만, 해금은 문자 그대로 폐쇄를 의미하는 것은 아니고일본의 쇄국 역시 동일하지만, 천계령遷界令에 따라 연해민을 내륙 쪽으로 강제 이주시키는 등 중앙에 의한 연해부의 직접적인 관리 강화를 의미했다.

• 관과 민

관과 민을 둘러싼 활력의 상호관계 역시 지역 다이너미즘의 형성에 큰 영향을 주었다. 역사적으로 볼 때 '중국'은 국가는 약하지만 사회는 강하다고 인식되고 있는데, 관과 민 사이에 명확한 구분이 마련되어, 관직에 부임할 때 본적지로의 임관은 회피되거나 3년 주기로 부임지를 교체시키는 등 재지在地사회에 휘말리는 것을 방지하기 위한 제도적인 조치가 마련되었다. 또한 사회적 측면에서 보아도 '하늘은 높고 황제는 멀다'라고 말하듯이, 관과는 일상적인 관계가 존재하지 않았다. 오히려 사회 내부적으로 동족·동향·동업의 유대를 강화하는 등 사회적 결합을 견고히 했다. 그리고 관의 힘이 강할 때에는 중앙의 실력이 강화되었으며, 중앙의 관의 힘이 약화되는 국면에서는 민간 사회의 지방적인 활력이 발휘되었다. 이것은 왕조 교체기에 나타나는 연해 지방의 교역 활성화에 그치지 않고, 사회 변동에도 밀접하게 관계되었다.

이상에서 살펴본 지역 다이너미즘의 변동 요인은 중국의 내부뿐만 아니라 동아시아·동남아시아 지역으로 확장하는 영향력과 내용을 가지고 있고, 왕권 레벨뿐만 아니라 민간 사회의 변동 요인과도 밀접하게 연결되어 있었다. 그리고 이러한 요인의 조합에 의해서 다이너미즘은 상호 제약적인 관계가 되거나 상호 촉진적인 관계가 되기도 했다.

이와 관련하여 현재의 국면을 보면, 중국에 관해서는 지방의 요인, 남쪽의 요인이 개방 정책 하에서 상승적으로 강하게 작동되고, 그 결과 주변 지역에 영향을 주어 그것이 종주권적·지방적 정책으로 연결되었다. 혹은 그와 같이 받아들여지고 있다고 해석할 수 있을 것이다. 그리고 이 점은 오키나와 문제의 현재 국면을 위치짓는 역사적인 근거가 되고 있다. 왜냐하면 일본 또는 일중관계 역시 이러한 다이너미즘 속에서 움직여 왔다고 생각하기 때문이다. 즉 '개開'와 '남南'의 국면에서는 실질적으로는 조공 관계를 이용한 교역이 이루어졌다. 견수사遣隋使·견당사遣唐使는 훌륭한 조공 사절이었다. 이러한 일중 양국 다이너미즘의 일익 측면에서 류큐·오키나와의 역사도 '개'와 '남'으로 표현되는 동아시아 해역의 변동 속에 위치하며, 거기서는 12세기의 구스쿠시대까지 거슬러 올라가 해역 다이너미즘의 구성 요소였다는 사실을 이해할 수 있을 것이다.

제3장
동아시아 조공 시스템과 류큐

동아시아사를 통해 본 화이질서

18세기 말 이후, 국익national interest의 실현을 중심으로 해서 세계 발전의 방정식이 성립되어 왔다. 내셔널리즘이 공존하고 서로 경쟁을 통해 세계라는 모집단母集團 전체가 발전·확대된다는 것이 그 해답이었다.

그러나 현재 이러한 국익을 기본으로 하는 국가 상호간의 관계(즉, 국제관계)는 두 가지 문제에 봉착하였다. 하나는 지역주의이며, 또 다른 하나는 글로벌리즘이다. 더욱이 현재의 지역주의에서 말하는 '지역'은 반드시 '국가'의 하위 개념을 가리키는 것은 아니다. 때로 이 '지역'은 확대되어 복합 지역으로서 종래의 국제관계의 영역을 포섭하는 경우가 있고, 나아가 그것이 하나의 이니셔티브 아래에 구성되는 지역 시스템, 즉 '역권域圈'의 형태를 취하는 경우도 있다. 그리고 당연히 종래 국가의 하위에 위치해 온 것으로 인식되는 '지역' 개념의 경우에도 결코 지금까지와 같이 국가 아래에 종속되는 것에 만족하지 않고, 독자적인 권한을 주장하게 되었다. 그리고 이러한 지역주의에는 민족문제와 종교문제가 새로운 아이덴티티의 내용으로 등장하여 보다 응집화되고 배타적으로 변화하는 특징도 보인다.

이러한 사실은 국가와 세계라고 하는 지금까지의 결합 단위나 교섭 주체, 나아가 국제관계의 구성과 그 구심력, 집단의 핵, 확장의 범위와 원심력 등, 지금까지의 집단 연대 전체에 의문을 제시하고 있다는 것을 의미한다. 동유럽과 소련의 붕괴에도 강한 자극을 받아서 20세기말의 세계는 새로운 아이덴티티의 위기에 직면했다. 더욱이 문제시되고 있는 아이덴티티란, 지역·국가·세계·민족·종교 각각의 역사적 경위를 배경으로 하고 있고, 게다가 그것들이 복합적으로 교차하고 있으므로 반드시 이들 중 굳이 하나를 선택해서 해결할 수 있는 것은 아니라고 할 수 있다.

이와 같이 변동하는 현대 세계에서는 그 역사적 위치를 음미하고 미래상을 사유하려고 할 때, 수백 년을 거슬러 올라간 장기적 역사 변동의 격동 속에 '현재'를 두고, 동시에 '장래'를 관찰하기 위한 근거를 가질 필요가 있다. 그리고 그것에서 안정화·불안정화의 요인을 도출하고, 이를 통해 현대를 해독하는 단서를 확보할 수 있을 것이다. 본 장에서는 동아시아를 중심으로 한 광역 지역을 대상으로 하여, 그 역사적 구성과 광역 질서 이념을 화이질서의 전개라는 시야에서 생각해 보고자 한다.

역사상, 광역 통치를 장기간에 걸쳐 실현한 사례를 찾아보면 로마

팍스·로마나, 19세기를 정점으로 한 영국팍스·브리태니카, 20세기의 미국팍스·아메리카나 등을 들 수 있을 것이다.

아시아로 눈을 돌려보면 중화팍스·시니카와 몽골팍스·몽골리아 등도 광역 통치의 사례이다. 그러나 유럽을 중심으로 실현된 광역 통치와 아시아의 그것은 성질이 다르다. 또 중화의 그것과 몽골의 경우도 다르다고 생각한다. 거기에는 통치 이념의 '세계성'이나 '보편성'과 동시에, 광역 지역 통치 질서를 둘러싼 구체적인 모습이 각각 상이하며, 더욱이 문화적인 영향을 둘러싸고 생성되는 문제의 차이도 무시할 수 없다.

현재 제2차 세계대전 이후의 이른바 팍스·아메리카나 시대가 끝나고 미국 대륙 지역 내부 또는 유럽 지역 내부의 규합으로 향해가고 있다. 한편 아시아 지역에서도 1970년대 이후 아시아 NIES에서 확인된 경제발전과 80년대 이후 중국에서 나타난 개혁·개방 정책 등이 동남아시아·ASEAN 여러 국가의 경제발전과 함께 크게 전개되고 있다. 아시아 지역에서 확인된 경제발전과 그 뒤를 잇는 90년대 금융위기의 역사적인 근거와 의미는 어디 있을까라는 현재적 문제의 시각에도, 장기적 역사 변동 속에 동아시아·동남아시아가 가지는 지역적 유대를 해명해야 하는 과제가 놓여있다. 발전하는 아시아, 그리고 위기의 아시아 역시 동일한 시야에서 관찰하지 않으면 안 되는 것이다.

역사적으로 볼 때, 동북아시아에서 동아시아, 그리고 동남아시아에서 오세아니아에 걸쳐 몇몇 해역권이 존재하고, 그 주변에 위치한 나라와 지역 및 교역 도시가 서로 영향을 주면서 지내왔다는 사실은 이러한 광역 지역의 큰 특징이다. 오호츠크해에서 시작해서 동해·황해·동중국해·남중국해에서 태즈먼해로, 또는 남중국해에서 안다만해·인도양으로 연결되는 해역의 연쇄는 세계의 다른 대륙 주변부 해역 가운데서 가장 많고, 가장 복잡하게 뒤얽힌 구성으로 되어 있다. 굳이 비교를 하자면, 지중해 해역의 내부 구성을 보다 대규모로 남북으로도 확대한 구성이라고 할 수 있을 것이다.

이러한 해역은 대륙부·반도부·도서부의 세 부분에 의해 주위가 구획되고 또 다른 해역과 구별되어 있다. 그리고 각각의 해역 주변부에 위치하는 연해 지역의 상호관계는 서로 영향을 주고받기에 충분히 근접한 위치에 있는 동시에, 결코 동일화되지 못하는 거리를 유지하며 서로의 상호 독자성을 유지해 왔다고 할 수 있다.

이와 같이 아시아 지역사를 고찰하는 측면에서 아시아 해역사의 검토는 역시 필수 불가결한 것이다. 이 해역을 둘러싸고 정치적·경제적인 권위와 권력이 성쇠하였으며, 더욱이 해역문화권의 형성에도 일조하여 다지역간의 교섭과 복합이 추구되어 왔다. 현재 논의되고 있는 화남경제권 문제 역시도 역사적인 남중국해의 구성과 불가분하며, 또 환동해·환황해 경제권 구상도 이러한 아시아 해역의 역사성을 전제로 하지 않고서는 구상할 수 없을 것이다.

해역 사회의 결속—조공·교역·이민·해신

유라시아대륙의 동부에 집중한 왕권이 형성되면서, 그곳에서는 황제권으로 보다 광역 지역을 포함하는 권력을 구성하고 권위적인 통

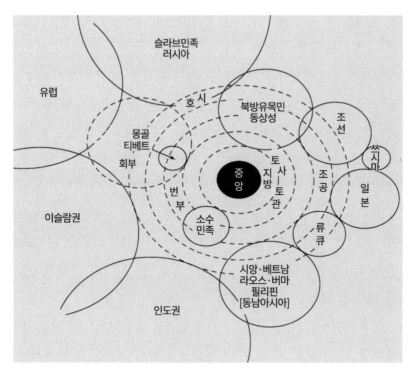

<그림 7> 동아시아의 화이질서·조공 관계도

치를 시행하게 되었다. 이 황제권을 중심으로 해서 그 주변에 동심원적인 지방, 토사土司·토관土官·번부藩部, 조공국, 호시국互市國 등 주변으로 가면 갈수록 유연한 질서 관계를 형성했다. 즉 조공 관계를 형성하고 있었던 것이다. 이 조공 질서는 19세기에서 20세기의 청조 말기 신해혁명 당시에 제도적으로는 폐지되지만, 광역질서의 통치 이념으로서의 종주권적인 통치는 동아시아 조공국 안에서 공유되고 있었고 또한 분유分有되었다. 따라서 조선과 일본 등이 중화를 부르짖으며 화이질서의 '화' 위치에 스스로를 정립시키려 했던 역사적인 프로세스도 특징적이다. 즉, 광역 질서의 이념으로서의 조공 관계는 역사적인 조공

의 의미뿐 아니라, 광역 질서를 통치하는 하나의 모델로 생각할 수 있을 것이다〈그림 7〉 참조).

앞서 살펴본 바와 같이, 연해 해역·환해 해역·해역 연쇄의 세 가지 구성 요소에 의해 성립된 해역 세계는 어떠한 이념에 따라 조직화되고, 또한 어떻게 운영되어 온 것일까. 해역 세계를 둘러싼 정치·경제·문화적 요인이 검토되지 않으면 안 된다. 먼저, 해역 세계를 느슨하게 통합한 역사적 이념으로써, 중국을 중심으로 한 당나라 시대 이후부터 청대에 이르기까지 기능한 화이이념, 조공 관계를 확인할 수 있다. 이것은 중국 중심주의라기보다는 조선, 일본, 베트남 등도 작은 중국을 주장하며 '화'와 '이'로서의 자타 인식을 가지며, 덕치적인 위계질서를 바탕으로 성립된 중화 세계였다.

그 아래에서는 조공-책봉 관계가 실행되고 있었고, 조공국은 공사貢使를 정기적으로 베이징에 파견했으며, 중국 황제는 조공국의 국왕 교체기에 책봉사를 파견해서 국왕을 인지하는 형태를 취했다. 이 조공 관계는 정치적 관계인 것은 물론이고 경제적 관계·교역적 관계이기도 했다. 조공 사절은 스스로 지참한 조공품을 황제로부터의 견직물을 중심으로 한 회사품回賜品과 교환하는 것 이외에, 특별히 허가한 상인 일행을 동행시켜서 베이징 회동관會同館에서 거래를 했다. 또한 이들보다 수십 배나 많은 상인단이 국경 또는 입항지에서 교역을 했다. 이를 해역의 시점에서 보면, 류큐국 조공 사절의 항로는 방향 및 목적지가 확정되어 있었고, 해역 안에서의 위치를 확인할 수 있었다는 사실을 알 수 있다. 해역은 계절풍 이용을 토대로 하면서 항해도를 비롯하여 연해와 천문 계측에 의해 점과 선이 장악되어 있었다고 볼 수 있다.

이러한 조공 무역에는 동아시아·동남아시아의 중국인계 상인 그룹뿐만 아니라, 인도 상인, 이슬람 상인, 나아가 유럽 상인도 참가하고 있고, 이를 통해 해역의 연쇄를 확인할 수 있다.

해역은 이처럼 조공권이자 교역권이었다. 그리고 보다 일반적으로는 사람이 이동하는 이민권이기도 했다. 일본에서는 표류담에서의 바다의 무질서함이나 육지를 떠난 경우의 공포가 전해지고 있지만, 실은 표류민이라고 해도 그들이 발견되면 조공 루트에 따라 상대방 국가의 부담으로 본국으로 송환하도록 되어 있었다. 중국의 사무역선이 이를 이용하여 해안 가까이에 자의적으로 난파해서 표류선임을 주장하고, 관리가 도착하기 전에 신속하게 교역을 행했다는 사실도 규슈 연안 일대에서는 다수 발견된다.

이와 같이 물자와 사람의 움직임이 조직화되어 있던 해역은 자연의 작용에 따른 해역 사회였지만, 자연 그 자체를 관리하려고는 하지 않았다. 대신 그곳에는 바다의 수호신인 다양한 해신이 등장하게 된다. 아시아 해역에서 폭넓게 확인되고 있는 해신은 푸젠성 푸텐현 메이저우에 기원을 두고 있는 마조이다. 마카오의 의미 역시 마조를 섬기는 사당인 마각媽閣에서 유래되었다고 한다.

마조는 송나라 시대 초기, 메이저우에 거주하는 민간인 여성의 해난 구조에 얽힌 고사를 전설화한 것이다. 흥미로운 것은 해역 통치에 정치력이 관계되는 순간, 다름 아닌 마조에게 작위를 수여하고 천후·천비로 품계를 격상시켜 황제의 덕치가 상위를 감싸는 형태로 중첩되었다는 것이다. 이렇게 해서 해신 신앙권이었던 해역에 황제의 이름하에 위덕 통치가 행해지고, 해역권을 유지해야하는 관과 민의 이해일치를 확인하게 된다. 이와 같이 해역은 하나의 해역 사회로서 운영되어 인간 생활을 유연하게 통합하게 된다. 그곳에서는 육지와는 다른 교역권·이민권·신앙권을 볼 수 있다.

류큐 왕조를 특징짓는 것은 동중국해 및 남중국해를 둘러싼 교역과 명청 두 왕조에 걸친 중국과의 조공 무역이다. 특히 자국에서는 생산되지 않는 후추와 소목을 동남아시아 교역을 통해서 입수하고, 그것을 조공품으로 중국에 전해 준 중계무역의 네트워크는 바다 건너 입공지인 푸저우와의 관계를 한층 더 밀접하게 함과 동시에, 중국 화남에서 동남아시아에 걸친 화교의 이민 네트워크와도 깊숙이 관계되어 있었다.

이러한 조공체제를 최대한 이용한 류큐 왕조의 대외 관계가 실현된 역사적인 근거도 동아시아에서 동남아시아를 둘러싼 해역의 지정학적 조건에 기인한 것이라고 할 수 있다. 거기서는 지역간 관계를 횡으로 확장할 때 보다 넓게 포섭하려 했고, 또한 관계를 만들기 위한 네트워크가 형성되었다. 무역 관계와 이민에서 이러한 네트워크 모델을 확인할 수 있다. 또 이러한 네트워크를 이용해서 다양한 왕권이 무역이나 이민에 관계하고 무역항과 이민 도시를 건설해서 지역 통치의 거점으로 삼았다. 특히 바다를 둘러싼 교역과 이민 네트워크는 그 통치 관계 측면에서도, 예컨대 남북관계에서 살펴보면, 북의 토지를 근거로 한 배타적인 권력이 아닌 오히려 밖으로 열린 지역간 질서를 확장하는 방향과 특징을 가지고 있었다. 그리고 네트워크 모델을 생각하면 지금까지 국가간 관계에서는 전면에 등장하지 않았던 류큐·오키나와의 역사, 쓰시마의 역사, 혹은 19세기 후반 이후의 홍콩이나 싱가포르의 역사가 지역간 관계 속에서 중개적 역할을 담당한 중요한 장소로서 등장하기 시작한다.

동시에 이러한 환해의 네트워크가 규슈의 사쓰마번과 연결되어 중국의 생사 매입의 출장소 기관으로서도 기능했다. 그곳에서는 홋카이도에서 생산된 해산물 가마니를 사쓰마번을 통해 입수하고, 그것을 중국으로 건네어 생사의 결제 수단으로 사용했다.

이처럼 해역을 이용한 교역 네트워크는 연해 교역과 장거리 환해 루트를 통해서 조공 무역에 의한 면세 특혜를 이용하여 주요한 교역항을 다각적으로 연결시키고 있었다. 그리고 이러한 관 주도의 무역은 민간의 해역 질서를 이용하면서 동시에 해역에 대한 영향력을 확대하는 정책이었다. 그것은 5층 구조로 불리는 해역에 대한 중층적인 통치였다〈그림 8〉 참조).

먼저 민간에 의한 해역 이용의 5층 구조를 살펴보면, 마조 신앙을 정점으로 하고 그 아래 레벨에서 교역과 이민이 행해지고 있다. 또 그 아래에는 표류로서 특징되는 바다와의 관계가 있다. 그리고 가장 기초에 해민과 연해민이 일상적으로 교섭하고 충돌하는 '왜구'의 세계라고 할 수 있는 바다와 육지와의 교섭 과정이 존재한다. 한편 관의

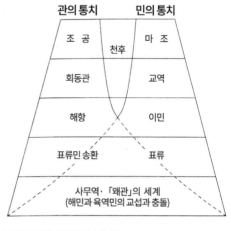

관의 통치		민의 통치
조공	천후	마조
회동관		교역
해항		이민
표류민 송환		표류
사무역·「왜관」의 세계 (해민과 육역민의 교섭과 충돌)		

〈그림 8〉 해역 통치의 5층 구조

해역 통치는 조공 질서를 정점으로 하여 그 아래 베이징의 회동관 교역의 레벨이 있고, 나아가 해역 교역을 관리하는 레벨이 존재한다. 그 아래에 민간 표류와 표현은 같지만, 관이 인정하는 조공제도 하의 표류라는 표류민 송환 규정이 작동하고 있었다. 이것은 이른바 자연적인 표류라는 표현이 그대로 관의 조공 질서의 저변에 편입되어, 해역에 대한 영향력이 유지되고 있다고 볼 수 있을 것이다. 또한 민간 해신인 마조에게 작위를 수여하고 '천후'와 '천상성모'로 섬기게 하여 해역에 대한 정치적 영향력을 확대했다.

이러한 관민의 해역 질서와 해역 이용의 5층 구조를 보면, 해역은 평면적인 물의 세계가 아니라 오히려 일상적으로 해민과 육역민, 관과 민, 육지와 바다가 정치·교역·문화의 영역에서 교섭하고 있는 모습이 윤곽을 드러낸다.

조공 무역과 류큐 네트워크

류큐사에 기초하여 살펴보면, 명대에는 샴·팔렘방·자바·말라카·수마트라·베트남·파타니 등의 동남아시아 각지와 교역을 하고 있었다는 사실이 『역대보안』 제1집에서 확인된다. 더욱이 여기에 일본·조선·중국이 추가되어 류큐의 교역 네트워크를 형성했다고 볼 수 있다.

류큐 네트워크라고도 할 수 있는 이러한 교역 관계는 류큐와 중국의 조공 무역 관계를 기본으로 해서 성립되었고, 동남아시아와의 교역은 중국에 대한 조공품에 포함된 후추나 소목을 조달하기 위해서 였다. 그러나 이러한 류큐 교역 네트워크는 두 가지 점에서 특징을 가지고 있다. 첫 번째는 15세기 초반부터 16세기 중엽에 걸쳐서는 태국을 시작으로 하는 동남아시아와의 교역이 다수 확인된다. 두 번째는 16세기 중엽 이후 동남아시아와의 교역은『역대보안』에 한정해서 살펴보면 기록이 감소하고 있고, 오히려 조선·일본과의 교역이 증가한다.

이러한 현상에서 볼 때, 류큐 네트워크에 대해서 다음과 같은 검토 과제가 존재한다.

  (1) 16세기 중엽 이후, 기록에는 나타나 있지 않지만 동남아시아와의 교
      역관계는 어떠한 형태로 존재했는가.
  (2) 동남아시아와 류큐의 교역 사이에서 필리핀 마닐라와의 교역은 어떠
      한 형태로 존재했는가.

이러한 문제가 제기되는 전제는 다음과 같다. 중국 화남과 동남아 시아와의 사이에는 앞서 설명한 해역권의 연쇄에서 살펴본 바와 같이, 남중국해 동쪽의 도서부를 따라서 필리핀에서 술루에 이르는 교역로 와 서쪽 대륙부 연안을 따라서 태국·말라카로 이어지는 교역로가 존 재했고, 류큐가 이러한 두 가지 교역로와 관계되어 있었다고 상정할 수 있다.

동쪽 노선은 취안저우혹은 푸저우를 기점으로 해서 류큐·대만·술루 를 연결한다. 이 노선은 동아시아 조공국과의 교역을 흡수하면서 16,

17세기 이후 필리핀 마닐라에서 이루어진 스페인과의 은 교역이나 대만에서 이루어진 네덜란드 동인도회사와의 교역을 중계했다. 동시에 이 노선은 푸저우에서 조금 더 북상하여 화북에서의 대두·대두조강糟糠 교역과 연결되어 있었고, 중국 동쪽 해안에서 이루어진 남북 교역을 매개하고 있었다.

서쪽 노선은 광저우를 기점으로 해서 동남아시아 각지를 연안 항로를 따라서 연결한 노선이다. 이 노선은 샴·말라카·수마트라 등, 동남아시아의 주요 조공국과의 교역을 집약하고 있었다. 그리고 주된 교역품이 쌀·해산물·향신료이었다는 사실을 생각한다면, 이 노선은 광둥·광시·후난 등, 화남 일대의 식료 생산과 밀접하게 관계되어 있고, 특히 동남아시아로부터의 쌀이나 설탕 수입은 화남의 쌀·설탕 생산과 상호 보완적 관계에 있었다고 생각할 수 있다. 이 문제와 관련해서는 『역대보안』에서 동남아시아와의 공식 무역의 기록이 사라진 1570년부터 햇수로 96년 후인 1666년강희 5, 쇼 시쓰왕尚質王이 비토산품인 향신료를 조공품에서 면제해 줄 것을 간청했고 이것이 받아들여진 것을 확인할 수 있다. 이것은 약 1,000년간에 걸쳐 조공품이었던 향신료가 관무역에 의존하지 않고 조달되었다는 사실을 의미한다. 샴과의 쌀 무역 증가와 더불어 중국 상인의 샴을 상대로 하는 교역로가 확대되어, 중국 연해 상인의 동남아시아로의 진출이 증가했던 것이 배경이다. 결과적으로 류큐는 ① 중국 상인이 행하는 동남아시아 교역에 개별적으로 참가해서 후추·소목을 입수하거나 ② 중국 상인에게 직접 구입했다는 사실을 의미한다.

동아시아사를 통해 본 화이관

국가와 민족을 주체로 해서 그 대등성과 불평등성을 논하는 주권적인 견해에서의 자타관自他觀, 자타관계가 아니라, 광역 지역 속에 존재하는 다양한 주체를 포함시켜 그들의 개별성을 초월하려는 견해는 역사적으로는 종주권이며 또한 화이관으로 파악할 수 있을 것이다.

광역 통치로서의 팍스·시니카의 화이관은 먼저 질서 이념이며, 동시에 통치 이념이었다. 이것은 유라시아대륙 동부와 그 피안에 펼쳐진 반도부·도서부가 지리적으로 통합되는 환경 아래에서, 정치지리적·경제지리적 조건에 필요했던 상호의존, 상호보완의 이념이기도 했다.기서는 대륙부의 풍요로운 자연적·사회적·문화적 조건을 둘러싸고 주변부와의 사이에서 교섭이 이루어졌다. 주변부는 몽골이나 만주족과 같이, 때로는 무력을 배경으로 해서 단기적으로 대륙부 침공을 단행하여 흡수되거나 배제되는 결과를 초래했다. 이에 대해 대륙부에서는 불교 등의 종교적 이념을 도입한 경우도 있었는데, 북위北魏 등은 그 하나의 사례일 것이다.

그러나 군사·종교 그 자체가 정권의 내용이 되는 것은 아니고, 보다 보편적인 통치 이념이 요구되었다. 그것이 유교서 주장하는 예치禮治라든지 덕치德治라 불리는 화이질서의 이념이다. 그것에 기초한 천하관이 주변부 전체까지를 포섭하는 것으로 등장했다. 이질적인 정치 요소의 개별성을 오히려 초월함으로써 이질성을 포섭하려는 이념이다. 이것이 중화中華·화하華夏로 불리는 '중심세계관'이었다. 명대 홍무제 원년1368에 '사해일가四海一家'를 내용으로 하는 조서를 내려 일본

· 고려 · 류큐 · 안남 · 참파에 사자를 파견하였다. 조서의 내용 다음과
같다.

옛날에 황제가 천하를 다스렸을 때에는 태양과 달빛이 비추는 곳은 모두
원근의 유무와 관계없이 일시동인一視同仁이라고 간주했다. 그 결과 중국이
안정되고 사이四夷도 얻는 바가 있었다.[1]

여기에서 확인되는 천하이념 · 화하中華이념은 황제권에 부수됨으로
써 초월적이고 보편적인 이념으로 위치했다. 그리고 그 이념으로서
의 화하관은 화이의식으로 표현됨에 따라 '자기세계주의'라고도 부
를 수 있는 자기인식=세계인식을 성립시켰다.

회華와 이夷란, 중심인 자기로서의 '화'와 그것에 대치된 타자로서
의 '이'라는 관계가 아니다. 화이 인식에서 '이'란, 스스로의 영향 아
래에 있는 것, 스스로의 은혜를 받기 위한 대상으로서의 '이'이며, 타
자 그 자체를 '이'라고 간주하지 않는다. 따라서 '화'는 '이'를 끊임없
이 내부로 포섭하려는 대외 교섭 관계를 유지하고 있지만, 우선은 지
정학적인 광역 질서 이념으로서 화이질서는 표출된다. 즉, 동이東夷 ·
서융西戎 · 남만南蠻 · 북적北狄이라는 형태로 방향 개념으로서 나타나는
것이 그 예이다.

여기서 '이'는 황제의 덕치에 은혜를 입은 것으로 간주되고, 그것
에 감사를 표하기 위해서 조공 사절을 파견하며, 반대로 중국은 책봉

---

1 『明太祖實錄』卷37.

사를 파견해서 국왕을 인지했다.

이와 같은 사실을 통해서 알 수 있는 것은, 지금까지 화이질서는 역사적으로는 중국을 중심으로 한 중국의 대외 질서관으로 파악되어 왔지만, 화이 인식 그 자체는 자기를 중심으로 해서 그것을 세계로 간주하는 지정학적인 광역 질서 이념이다. 때문에 중국이 '이'로 간주한 나라와 지역은 결코 스스로를 '이'로 인식하지 않았으며, 스스로를 '화'의 위치에 정립시키는 것을 가능케 한 이념이기도 했다는 점이 특징적이다.

앞서 살펴본 명태조의 조서에 대해, 일본의 가네요시懷良 친왕은 답서인 「상태조표上太祖表」에서 다음과 같이 반론하고 있다.

> 천하는 천하에 있는 모든 사람에게 있어서의 천하이며, 한 사람의 천하가 아니다.[2]

여기에서 확인할 수 있듯이, 형식은 조공국이 황제에게 바치는 '표表'의 서식을 취하면서도 내용적인 측면에서 천하華는 나라의 대소나 강약에 의해 결정되는 것이 아니라, 모두에게 공유되어야 하는 이념이라는 사실이 강조되고 있다. 달리 표현하자면, 화이 이념 그 자체가 공유되어 '화'와 '이'가 손쉽게 호환된다고 하는 것이다. 여기서 다수의 '화'는 병존 가능하며, 특정 국가 역시도 '중국'을 주장할 수 있는 가능성을 가지고 있었다. 베트남이 국사로서 '대월大越' 사기전서史記全書

---

2 『明史』卷322.

를 편집한 과정 속에서도 공통된 동기를 확인할 수 있을 것이다.

화이이념과 위계제도

화이이념은 먼저 위계제에 의해 유지되고 있었다. 황제 권력의 초월성은 그 자신에 있다기보다 이러한 위계제도의 외부로 추월하고 있다는 사실을 제시함으로써 한층 더 보장되었다. 중국에서는 중앙관제·지방관제 모두 전체가 9품으로 나누어져 있고, 그 품격은 상하관계로 질서가 유지되고 있었다. 그리고 이러한 위계의 분배와 승강이 황제의 손에 집중됨에 따라 황제 권력은 한층 더 그 외부에 우뚝 서게 되었다.

이 위계제도는 상하관계의 질서를 유지하는 것뿐만 아니라, 동시에 병행관계의 측면에서 타국·타지역의 위계질서를 링크시켜 광역 지역을 포섭했다. 광역 지역은 이러한 위계제가 종횡으로 펼쳐지면서 전체적이고 통합적인 위계질서가 되었다. 이것이 팍스·시니카의 내용이다.

중국 지방관의 위계는 〈그림 9〉와 같이 구분되어 있다. 위계는 실직의 호칭은 아니고 직무에 대응한 품함品銜, 랭크이며 관직의 품격을 의미했다. 이에 따라 전체가 품위가 결정되었고 또한 서열화 되었다.

그리고 이러한 위계는 타국·타지역에도 존재했고 각각의 관직·직무의 차이에 관계없이 품함은 대응한다고 하는 형식이었다. 류큐국의 경우는 정종正從 9품으로 구분되어 있었다(단, 〈그림 9〉에서는 7품까

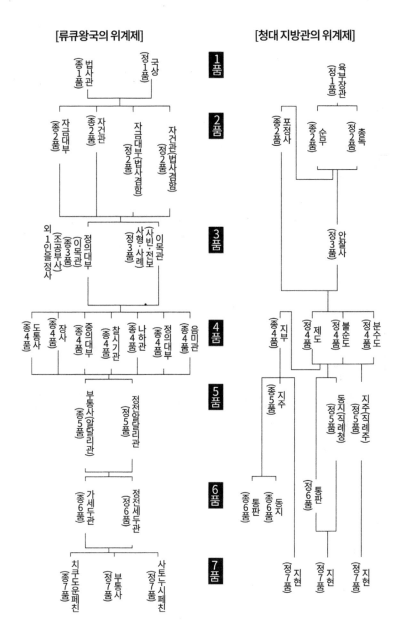

〈그림 9〉 중국 청조·류큐왕국의 9품 제도

지 소개). 또한 이 타국·타지역의 국왕 위계의 임명도 최종적으로는 황제의 손에 집중시킴으로써 위계질서의 전체가 형성되었다.

그렇다면 구체적으로 명·청조 500년이라는 오랜 기간에 걸쳐 조공·책봉 관계를 가진 류큐의 사례를 통해서 이를 살펴보도록 하자.

류큐 국왕은 정2품으로 책봉되었다. 따라서 같은 2품함을 가지는 중국의 지방관은 포정사이며, 실제로 류큐 국왕은 푸젠 포정사에 대해서 평행적 관계를 유지하면서 대응하였다. 이와 같이 각국·각 지역의 내적 질서 속의 품계의 단계는 상호 연결되어 있었고, 전체적으로 중국 황제가 조공·책봉관계를 통해서 전체 관계의 질서를 확립하고 있었다고 볼 수 있다.

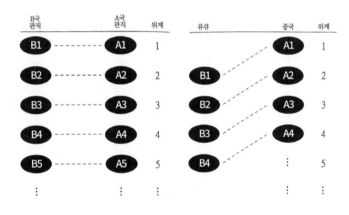

〈그림 10-1〉 관직·위계의 평행　　　〈그림 10-2〉 위계의 격차

여기에는 다음과 같은 두 가지 형태의 관계가 존재했다. 첫 번째는 〈그림 10-1〉을 통해서 알 수 있듯이, 위계 상호간의 평행·대등관계이며, 각각의 국내 질서가 대외관계의 질서와 대응하고 있는 경우이다. 류큐에서 파견된 조공사와 중국에서 온 책봉사의 왕래와 응대는

대등하며, 각각이 대응하는 위계의 보유자에 의해 이루어졌다. 여기에서는 양측 모두 2품관이었다.

그러나 두 번째로, 이러한 관계는 동시에 역사적인 중국과 류큐국의 관계에서 나타나듯이, 중국 황제로부터 류큐 국왕이 2품함으로 임명됨으로써 위계의 대응관계에 격차가 생긴다. 〈그림 10-2〉와 같이, 중국의 위계 속에 류큐 국왕의 위치가 부여됨에 따라 조공국 전체의 관직 체계가 전체적으로 그 안으로 편입되게 되었다.

동시에 이러한 결과로서 중국의 '대외관계'는 위계제도의 대응관계를 통해서 중국과 조공국과의 관계뿐만 아니라, 조공국 상호간의 관계까지도 연결시키게 되었다. 그리고 화이질서는 '이'를 '화'로 편입시키려 하는 대외 교섭이 위계의 상하관계 및 평행적 관계를 둘러싸고 이루어졌으며, '이'가 '화'에게 조공 사절을 파견하고, '화'가 '이'에게 책봉 사절을 정기적으로 파견함으로써 확인되었다.

화이질서의 교섭 방식

위계제도로 표현된 화이질서는 일반적으로는 상호 왕래하는 서간 양식으로 구현되었고, 그 형식의 확인이 교섭의 계기가 되었다. 여기에서는 하위에서 상위로의 서식, 상위에서 하위로의 서식, 양자 동격의 서식이 존재했다.

류큐왕국은 중국과의 사이에서 15세기 초엽부터 450년에 걸쳐 조공 관계의 역사를 가졌으며, 조공·책봉관계의 교섭 과정을 상세하게 기록한 『역대보안』은 서식의 전체적 관계를 기재한 대단히 귀중한 역사 자료이다. 예를 들면 조공 사절이 파견된 건륭 53년1788 1월 2일자에서 류큐국 추잔왕中山王 쇼 보쿠尚穆가 중국 측에 발송한 문서는 15통에 이른다. 이를 문서 형식과 수신처에 따라 분류하면 이하의 네 유형과 같다.

(1) 류큐 국왕이 중국 황제에게 발송한 '표表' 및 '주奏'(3통)

(2) 류큐 국왕이 예부로 발송한 '자咨'(4통)

(3) 류큐 국왕이 푸젠 포정사사로 발송한 '자咨'(5통)

(4) 푸젠으로 발송한 사무연락 '부문符文' 및 '집조執照'(3통)

이상과 같은 네 가지 유형을 위계관계 측면에서 살펴보면, 류큐 국왕이 중국 황제에게 발송한 것은 하위에서 상위로의 교섭을 의미하며, 서식으로서 표문, 상주문의 형식을 취하고 있다. 또한 류큐 국왕이 예부 및 푸젠 포정사사로 발송한 것은 양측 모두 2품함이라는 점에서 평행문인 자문이 사용되었다. 예부는 중앙관청 내에서 조공 사절의 수용을 담당했으며, 푸젠 포정사사는 조공 사절의 입항지인 푸저우에서의 수용 업무를 담당했다. 또한 부문 및 집조는 상위에서 하위로 발송된 조공 사절의 사무연락을 담당하는 형식이며, 휴대품과 대행 인원에 대한 기록이다. 그리고 서식은 모두 한문체가 사용되고 있었다.

한편 류큐 국왕이 교체될 때 새로운 국왕을 중국 황제가 책봉하는 역할을 담당한 책봉사는 황제가 류큐 국왕에게 보내는 '조詔' 및 '유

諭'를 휴대하였는데, 모두 상위자가 하위자에게 보내는 서식이었다.

또 류큐의 조공 무역은 동남아시아로부터 소목이나 후추를 조달해서 중국에 조공품으로 제공하는 것도 중요한 부분을 차지하고 있었다. 이를 위해 류큐 국왕은 동남아시아의 섬라·자바·슈리비자야·말라카·수마트라·안남 등에 사절을 보내 류큐의 조공품으로 규정되어 있는 소목·후추의 수매를 희망했다. 이 과정에서 이용된 동남아시아 국왕 앞으로 보낸 서식은 '자咨'이며, 평행적 관계를 의미하였다.

류큐의 대외관계는 일본과의 사이에서도 계속되었다. 특히 1609년 사쓰마번이 류큐를 침공한 이후에는 사쓰마번에 복속되어, 에도 막부의 쇼군 교대기에 경하사를 보내고 류큐 국왕의 교체에 관해서는 사은사謝恩使를 파견했다.

에도 막부는 역사적으로는 '추잔왕 내조中山王來朝'라고 기록하고 있었지만, 간에이寬永 11년1634의 경하사 방문 이후에는 일관되게 '내공'으로 기록하여 조공 사절로 취급하였다. 이에 대해서 류큐는 때로는 사쓰마의 의향을 받아들이는 형태로 신하의 예를 갖추었고, 경우에 따라서는 양자의 대등을 표현하는 서식을 발송했다. 그리고 이러한 사항들은 양측 사이에서 마찰이 생겨 교섭 안건이 되기도 했다. 류큐가 에도 막부에게 쇼군 교체에 대한 경하사를 쇼토쿠正德 4년1714에 파견했을 당시, 휴대한 서간의 형식이 문제가 되었다. 아라이 하쿠세키新井白石의 생각이 반영된 이 문제는, ① 한자가 아닌 가나를 사용해야 한다는 것 ② '귀국貴國', '대군大君' 등 동배 국가에 대한 표현은 삼가야 한다는 것이었다. 이것은 '격식'을 중시한 외교 교섭이다. 류큐는 조선과도 교섭 관계를 맺고 있었다. 특히 명대 후반에 조선과의 왕래가 많아졌고, 조선 국왕은 이를 교린이라 부르며 평행·대등적 관계를 나타내는 자문에 의한 양자 간의 교신이 이루어졌다. 그리고 사절로 교역의 실무를 담당한 류큐국 3품함인 정의대부에 대해서, 조선국 측도 동등하게 3품함의 이조판서가 평행문인 '이문'을 발송하고, 예물을 수령한 기록도 확인된다. 여기에서는 류큐와 조선의 관계는 상호 동격의 품함을 통해 대응하고 있다는 것을 알 수 있다. 이 사실은 양측이 중국에 대한 조공국이라는 사실을 전제로 했기 때문에 실현된 것이라 생각된다.

조선의 위계제도 또한 대외 교섭에서 그것이 엄격하게 적용되고 있었다. 1719년 에도로 파견된 조선통신사가 쓰시마를 경유했을 당시, 번주와 격이 다르다고 주장하며 대등한 취급을 거절했던 사실은 하나의 전형적인 사례일 것이다.[3]

이와 같은 류큐왕국의 대외관계의 전체상을 보면, ① 중국과의 조공·책봉관계에 따라 왕권의 품계가 규정된다는 점, ② 기타 조공국인 조선·동남아시아에 대해서는 대등한 관계를 유지하고 있었다는 점, ③ 일본과의 관계에서는 대등관계의 이념을 내재시키면서도 사쓰마에 번속되어 있었다는 점을 생각하면 비대등한 대응이 일본 측에서 발생했다는 특징이 확인된다. 정리하자면 동아시아 각국·각 지역의 상호관계가 위계·품함의 상호관계에 대응해서 형성되고 있었다는 사실을 알 수 있다.

---

3 申維翰 著·姜在彦 譯註, 『海遊錄－朝鮮通信使の日本紀行』, 平凡社, 東洋文庫, p.53.

화이변태 · 동아시아사의 다이너미즘

광역 지역이 하나의 유기적인 통일체를 가진 역사 형태를 '지역시스템'이라 부른다면, 동아시아 · 동남아시아에서 나타난 중국과의 조공 관계는 지역시스템의 하나의 표현으로 간주할 수 있을 것이다.

이와 같은 조공 관계는 당해 지역의 내부 및 외부와의 사이에서 형성된 다각적이고 다층적인 교역 활동과 사람의 이동을 기반으로 하고 있다. 그리고 그 전제를 토대로 해서 정치적 · 외교적 · 군사적인 질서를 규정하는 것으로서 역사적으로는 중국의 황제권을 중심으로 편성된 광역 지역 질서팍스 · 시니카의 일부를 구성하고 있었다.

앞서 〈그림 7〉에서 소개한 바와 같이, 지방질서와 타민족 통치 등은 번부와 토사 · 토관 등의 행정관청 · 직무를 통해서 관리되고 있지만, 조공 관계는 예부의 관할에 있었고, 보다 간접적이며 교역상의 비중이 강한 통치 관계였다. 더욱이 예치 · 화하중화 · 화이 등의 표현에서 확인할 수 있듯이, 조공 관계는 화이관계로서의 특징을 가진다는 점에서 '화'와 '이'를 둘러싼 위계질서가 전체를 포섭하며, 화이의식의 등급 설정을 둘러싼 교섭이 항상 이루어졌다. 여기에서는 다음과 같은 세 가지 움직임이 포착된다.

(1) 조공국 각각이 기타 조공국 또는 비조공국에 대해서 스스로를 '화'의 위치에 정립시키고 그와 같이 행동하려고 했다는 점. 이른바 위성적衛 星的 화이관계의 형식이다.

(2) 중국의 중화에 대해서 그것을 비판하고 '화'를 자신의 아래로 탈취함

으로써 종래의 화이관계를 역전시키려고 하는, 이른바 변화시키려고 하는 움직임이 존재했다. 이것이 다름 아닌 '화이변태華夷変態'(이 표현은 에도시대 나가사키에 내항한 당나라 선박에 대한 신문조서를 편집한 하야시 슌카이林春海가 명청 교체를 형용한 『화이변태』에서 확인된다)이다.

(3) '화'로서의 자기의식과 '이'로서의 타자와의 구별이 국내와 국외에 따라 실태와 인식의 괴리를 만들어냈다. 다만, 그것은 서로 스스로를 화로 '간주하고', 다른 나라를 이로 '간주하는' 관계에 따라 실태 관계를 직접적으로 전면에 부각시키는 경우가 없는 일종의 중간적인 교섭 방식을 파생시켰다.

(1)의 '소중화' 또는 위성적 화이질서에 관해서는 역사적으로 볼 때, 태국이 교역 중계 기지인 말라카에 대해서 영향력을 계속해서 행사하려고 했다는 사실, 베트남의 참파와 라오스에 대한 침공과 조공국화 등의 사례를 확인할 수 있다. 이러한 움직임에는 중국이 끊임없이 교섭 과정에 개입하고 있다. 또한 일본의 류큐에 대한 관계 등은 (1)과 (3)이 혼재되어 있다고 볼 수 있을 것이다.

(2)의 '화'와 '이'의 전환을 둘러싼 움직임은 동아시아사·동남아시아사 역사의 다이너미즘을 직접적·간접적으로 만들어낸 동인이었다.

그리고 화이관계를 역전시키려고 하는 것, 즉 '이'가 '화'에 대해서 다름을 주장하고, 스스로를 '화'의 위치에 규정하려는 시도는 이러한 위계 대응관계의 상하관계를 변경하는 것을 통해서 이루어졌다. 즉, '화이변태'의 시도이며 이것은 〈그림 11〉을 통해서 확인할 수 있다.

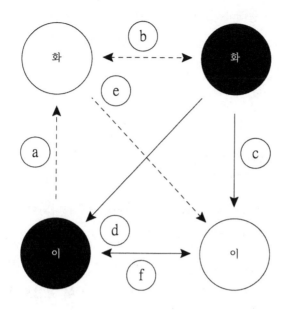

〈그림 11〉 화이변태

여기에서는 종래의 화이관계 속에서 스스로가 '화'를 주창하며 그것이 광역질서 속에서 병존한 경우에는 마찰은 그다지 크지는 않지만(〈그림 11〉 ⓐ의 경우), 새로운 '화'가 종래의 '화'를 '이'로 전환시키려고 하고, 동시에 종래의 '화'가 새로운 '이'를 인정하지 않고 '이'로서 강조하려고 할 때(ⓒ와 ⓓ), 충돌을 동반한 화이변태가 발생한다. 또한 ⓑ와 ⓔ는 서로를 '간주하는' 관계 하에서 이루어지는 화이변태이다.

이와 같이 동아시아의 지역시스템으로서의 화이질서와 역사적 다이너미즘의 근원으로서의 화이변태는 중국의 교섭력에 기초한 교섭과 조절이 다수 확인되었지만, 그것이 효력을 발휘하지 않는 경우, 중국은 스스로의 경제력을 외부에 대해서 차단하는 조치를 취했다. 이것이 이른바 해금이다. 주변 조공국이라 할지라도 중국과 대항하기 위해, 또는 중국과의 정치적·경제적 채널을 독점적으로 관리하기 위해서, 동일한 정책을 실시하는 경우가 있었다. 에도시대의 이른바 '쇄국'도 그 하나의 사례이다.

이시가키지마의 화이질서와 네트워크

이와 같은 조공질서에 나타난 화이관계는 오키나와에서는 어떻게 인식되고 있었을까. 결론적으로 말하면, 각각의 섬 세계에서 정교하게 운용되고 있었으며, 그 이념은 '화이질서'가 아니라 '네트워크'였다. 네트워크는 지극히 선택적인 동시에 융통성이 있었으며, 특정 국면에 대응하면서 관계를 변화시켰다. 먼저 상대방을 확실하게 인정하고, 상대에 따른 대응을 해야 한다는 사실이 상세하게 정해져 있었다. 이를 이시가키지마의 사례를 통해 보면 다음과 같다.

류큐오키나와 본토 및 당나라 선박이 도착하는 경우에는 불꽃을 두 개, 야마토 선박이 도착하는 경우에는 불꽃을 세 개, 외국 선박이 도착하는 경우에는 불꽃을 네 개 세웠다.[4] 이렇게 류큐·당나라, 야마토, 외국의 3자를 명확하게 구별하고 있었다.

또한 '국제 문제 상정 문답─이국인에게 답변할 때의 주의에 관해서는 다음과 같은 항목이 있다. 금은의 출처를 묻는 질문에 대한 답으로, 류큐는 금·은·동이 전혀 생산되지 않기 때문에 비녀를 만드

---

4 『石垣市史叢書 3』, 1992, p.39.

는 데 필요한 것 등은 중국이나 사쓰마 사람으로부터 구입한다고 답변을 할 것.[5] 여기서는 구미의 외국선이 동아시아에 금은을 입수하러 온다는 '국제정보'를 숙지한 후에, 중국이나 사쓰마 섬사람으로부터 얻었다고 대응했다. 또한 야마토에 대해서는 당나라중국에 정보가 유출되는 것도 엄격하게 금지시켰다. 일본과의 통교에 관해서는 일본의 속도屬島인 사쓰마에서 온 선박이라고 바꾸어 말하고 있었다. 이처럼 상대방에게 자신의 귀속을 분명히 밝히지 않고 오히려 상대에 따라서 그들과 네트워크를 연결시키는 것을 가능케 하는 자세였던 것이다.

광역 산업 네트워크─광둥 13공행

아시아 지역 내의 무역망은 주로 인도 상인·중국 상인이 각 지역 간 거래를 담당했고 결제망을 만들어 운영해 왔다. 그리고 그 영향 아래에 각 지역 경제가 연결되었다. 두 거대 상인 그룹은 그것들을 조직할 때 자기의 지연과 혈연 또는 동업 길드를 통해서 거래망을 만들고 독자적인 유통망을 조직했다. 예컨대 광둥의 상업 길드는 다음과 같은 역사를 가지고 있다.

광둥의 외국무역에서 공행조직公行組織, 독점적 특허권을 가진 상인 조직은 1720년에 시작되는데, 행상의 원적은 푸젠성 장저우부·취안저우부에 속

---

5 『石垣市史叢書 4』, 1992, p.56.

해 있고 샤먼을 중심으로 하는 연해 무역을 배경으로 조직되었다. 광둥 13공행은 그 일부로, 그들은 코친차이나·샴·말레이반도·자바·필리핀에까지 활동 범위를 확장하고 있었다. 그러나 서양 무역의 독점을 도모하는 공행이 1760년 행상 반진성潘振成에 의해 성립되자, 월해관粤海關, 광둥 세관은 서양 무역을 전문으로 담당하는 외양행外洋行, 남양동남아시아 무역을 취급하는 본항행本港行, 푸저우·차오저우의 무역을 담당하는 복조행福潮行 등의 세 조직으로 분할해서 과세를 부과했다. 종래 광둥 무역의 길드 상인으로 외양행광둥13공행이 주로 언급되어 왔지만, 오히려 그 외의 두 조직에게 주목할 필요가 있을 것이다. 즉, 중국의 대외무역은 광둥, 샤먼, 푸저우, 차오저우를 중심으로 행해졌다. 한편에서는 그것이 남양과의 교역을 담당하였는데, 특히 샴의 쌀은 화남 쌀시장에서는 불가결한 상품이었다. 다른 한편으로는 광둥에서 톈진으로 이어지는 남북 연안 무역이 이루어지고 있었다는 사실 때문이다. 그 중에서도 동남아시아와의 무역에는 샴 조정의 특허를 받아, 샴에서 제조된 범선에 의한 샴-일본-샤먼 사이의 삼각무역도 포함되어 있었다.

이러한 무역 결제에는 기본적으로 은이 사용되었으며, 후년 샤먼의 보고에 의하면 무역수지의 수입초과는 화교 송금에 의해 보충되었다. 화남 경제가 화중·화북으로부터의 수입초과를 동남아시아와의 화교 송금으로 상쇄하고 있다는 점에서, 화남-동남아시아 무역·결제 관계의 긴밀함을 엿볼 수 있을 것이다.

광둥무역 — 아시아 역내 무역에 침투한 서양

아시아 지역 내의 연해 정크무역 네트워크에 의거해 유럽은 지방무역country trade이라는 연해 지역 교역을 추진했다. 즉, 유럽 상인은 아시아에서의 연해 무역에 침투하기에 앞서, 기존의 네트워크를 이용하고 있다는 점이 특징적이다. 이에 대해서 동인도회사는 의무적으로 영국 제품을 반입해서 판매했지만, 지방무역은 아편·쌀·설탕 등과 같은 아시아지역의 광역 상품을 취급했다.

영국이 모직물·면제품을 광둥으로 수출할 때, 동인도회사와 개인 지방무역 상인을 비교하면 전자가 압도적으로 많은 물량을 운반하고 있고, 반대로 19세기 초반 캘커타에서 광둥으로 향한 선박은 지방무역선이 압도적으로 많다. 이러한 지방무역선이 취급한 화물은 인도산 면화와 아편이 양대 상품이었으며, 이 밖에는 인도·동남아시아에서 생산되는 향료·해산물·약초 등을 중국에 수출했다. 기존에 아시아 권역 내의 교역에 등장했던 화물을 운반하는 중계무역이다.

동인도회사 시절, 인도에서 아시아 방면과 아프리카 방면에 이르는 연안교역 전체가 지방무역이라 불렸으며, 동인도회사 종업원의 주된 수입원이었다.

1780년대 이전의 지방무역은 세 부분으로 구별되어 있었다. 즉, ① 인도 연안 교역, ② 콜모린곶 서쪽의 아시아·아프리카의 연안 교역, ③ 콜모린곶에서 동쪽의 버마·말라야·중국에 이르는 지역이며, 각각 인도교역권·이슬람교역권·동남아시아—화남교역권과 대응하고 있었다. 이 중에서 세 번째 교역권은 포르투갈과 네덜란드의 수중에 있었기 때문에 처음에는 이렇다 할 이익을 거두지 못했다. 그러나 영국이 벵골지역을 장악하고 생사와 면포가 영국으로 수출되기 시작하면서 동방의 토산물이 주목을 받기 시작했다. 벵골의 설탕과 생사가 네덜란드령인 자바의 설탕이나 중국의 생사·적설탕의 싼 가격에 압도당했기 때문이다.

이러한 인도의 대중국 수출 무역을 둘러싼 동인도회사의 역할은, 영국 본국과의 관계로 아시아에서 손쉽게 판로를 찾기 어려운 모직물을 중심으로 취급해야 했기 때문에 실질적인 아시아 무역은 지방무역 상인이 담당하는 상태가 존재했다. 이 무역은 회사의 무역활동을 불안정한 상태로 몰아넣었고, 회사는 회사 어음의 독점적 운용의 특권을 이용해서 지방무역 상인의 본국 송금을 관리했다. 다른 한편으로는 아편 전매제를 시행함으로써 지방무역 상인의 활동에 의거하는 형태로 대중국 무역을 추진하지 않을 수 없었다. 아시아에서는 인도·중국을 중심으로 전개된 은 경제에 따라 은 수입이 필요했으며, 반대로 서양은 아시아의 토산물을 수입할 필요가 있다는 관계가 형성되었다. 따라서 은의 아시아로의 유입이 16세기 이후 일관되게 존재했고, 신대륙의 은도 대량으로 투입되었다.

대륙에서 서양으로 유입된 은은 이러한 아시아를 상대로 한 무역 결제의 수단으로 공급됨과 동시에, 서양 내의 은 가격 안정화를 위해 작용했다. 그러나 18세기 말부터 19세기 초엽에 걸쳐 신대륙으로부터의 은 수입이 늘어나지 못하고, 반대로 유럽에서의 화폐 수요가 상승하면서 그 전까지의 동서 은 관계는 붕괴하게 된다. 그 결과 영국의 동인도회사는 동서 직접무역에서 아시아 내의 지역무역으로 중점을 이행시키기 시작했고, 수지 결산은 식민지 인도와 영국 사이에서 조정되었다. 이후에 이어진 동인도회사의 아시아 무역 독점권의 폐지는 회사가 아시아의 지방무역 상인의 이해를 침해한다는 비판의 실마리를 제공했으며, 아편전쟁도 이러한 지역 무역을 둘러싼 이해관계가 표면화한 결과라고 해석할 수 있을 것이다.

중국을 중심으로 해서 그 영향을 역사적으로 받아온 조선·일본·류큐·대만·베트남 등 각국과 각 지역을 포함한 동아시아의 근대는 중국에 대한 주변지역의 자립, 즉 조공제도의 동요에 의해 개시되었다.

이 움직임과 연동해서 조공국 측에서는 권력의 집중화가 시도되었다. 조공체제를 둘러싼 주변국의 이러한 움직임에 대해, 종래의 중심이었던 청조는 오히려 그 중심성을 감소시키고 연해에 위치한 각 성의 교역이나 이민을 활성화시켰다. 그리고 경제적으로 남쪽에서는 동남 연해에 비중을 둔 대외관계가 구축되었고, 북쪽의 권력은 이러한 남쪽의 움직임에 위협을 느끼며 청대 말기의 변동기를 맞이하게 되었다. 이러한 남북관계의 구조와 대립 역시 이른바 동서관계 만큼이나 중요한 변동축을 형성하고 있었다. 이러한 전형적인 사례가 아편전쟁이었다고 할 수 있다. 기존의 아편전쟁은 구미와의 관계에서 평가되어 왔지만, 중앙 재정과 광둥의 지방적 이해 대립이라는 남북관계 측면에서 보게 되면 보다 중요한 요소를 확인할 수 있을 것이다.

더욱이 19세기의 동아시아·동남아시아를 특징짓는 변동축은 연해와 내륙부 역할의 전환일 것이다. 그 이전까지는 내륙의 토지에 의거한 정권의 재정 구조가 연해의 개항장에 의거한 대외 교역에 의존하는 경제·재정 구조로 전환한 것이다. 1854년의 외국인총세무사

제도의 개시(종래의 상관常關과 더불어 개항장에 새롭게 외국인인 책임자가 된 세관海關을 설립)는 이러한 사실을 단적으로 설명하고 있다. 그곳에서는 이러한 재정 구조의 전환을 촉진하면서 동시에 그것을 지탱시킨 민간 경제활동의 활성화 및 연해에서의 상인 그룹의 대두가 나타난다.

표류에서 이민으로

조공체제 하에서는 조공 사절이나 책봉 사절의 왕래가 공식적으로 진행되었지만, 그에 수반된 많은 반공식·비공식 교역이 이루어졌다. 특히, 표류라는 명목을 통해서 무역을 추진했고, 표류민 송환체제를 통해 출발지로 귀환시키는 방법은 조공체제에 수반되어 그것을 비공식적으로 지탱하고 있었다고 볼 수 있다. 이것 역시 화이질서의 이념에 따라 유지되어 왔지만, 19세기에 그것을 변경하려 한 몇몇 시도와 사태가 발생했다. 그 대표적인 사례로, 1882년의 중조육로통상장정 속의 송환 비용의 자국 부담 항목을 들 수 있다. 여기서 지금까지의 송환 측 부담에서 자국 부담으로 변경되었다. 물론 조공국 측은 이것을 불만으로 여겼지만, 청조로서는 변경할 수밖에 없는 재정 사정이 있었다.

그 사례의 하나로 1842년의 홍콩 개항을 들 수 있을 것이다. 홍콩은 조공체제 하의 표류민 송환제도를 취하지 않으면서 동중국해·남중국해를 연결하는 위치를 차지하고 있었다. 표류민뿐만 아니라 아시아 항로의 거점이었기 때문에 중요한 기항지였다.

마지막 조공 사절은 어떠한 방식으로 이루어졌고 어떠한 이유로 정지되었던 것일까. 그 형태는 두 가지로 확인된다. 즉, 구미와 일본 등과 조약관계를 맺고, 그 결과로서 '제3자'로서의 조공국이 종래의 조공 관계를 변화시키거나 또는 '유지'시키거나 하는 경우이다. 또 다른 경우는 청조와 조공국과의 양자관계 속에서 조공국 측이나 아니면 청조 측이 그 전까지의 조공 관계를 변화시키는 경우이다. 어느 경우에서든 청조의 주동성, 전환, 다시읽기 등이 관계되어 있고, 그 결과로서의 변화이며 구미로부터의 요구에 대한 수동적인 대응은 아니라고 할 수 있을 것이다.

또한 1839년 샴·버마·류큐에 대해서 일률적으로 4년 1공으로 전환했지만, 실행적 측면에서는 반드시 그대로 이행되었다고 볼 수 없다. 예부의 관할 문제로 조공은 일단은 계속해서 진행되는 경향이었고, 1880년대에는 오히려 총리각국사무아문이 외교 교섭의 전면에 등장했다는 사정도 간과할 수 없다. 그곳에서는 외교관계, 즉 영사를 통한 관계가 중심이며, 종래의 조공 관계에서 그 중심에 있었던 조공국 측의 국왕에 대한 관심보다도 청조의 외교정책에 따라 직접적인 이해관계를 가지는 대상으로 화교華僑·화공華工·화상華商이 관심의 중심이 되었다.

청조 조공정책의 전환

동아시아·동남아시아에 걸친, 나아가 때로는 남아시아 일부에서

서아시아까지 관계된 역사적으로 형성된 광역지역 질서와 그 변화의 다이너미즘을 지역의 내재적 관점에서 파악하려고 하는 논의의 시도는, 서양의 충격에 의해 개시된 아편전쟁이라는 이른바 '아편전쟁사관'이라 불러야 하는 역사관으로 대표되듯이, 종래의 '외적'이며 '수동적'인 아시아 근대사상에 대한 재검토를 강하게 의식하고 있다. 지금까지의 논의에서 살펴본 동아시아 지역의 다이너미즘에 참여한 행위자로서의 청조 자신이 어떠한 변화를 시도했는지에 대해서 검토해 보도록 하자.

1839년 5월 7일도광 19년 3월, 도광제의 상유上論가 선포되었다. 그 내용은 다음과 같다.

지금까지 베트남은 2년 1공, 4년마다 사절을 1회 베이징에 파견했다. 이 두 가지가 평행적으로 이루어졌다. 류큐국은 2년 1공, 섬라국은 3년 1공이었다. 각각의 나라는 성의를 다해 따랐으며, 단연코 수고를 아끼지 않았다. 먼 길을 찾아와 주었고, 계절이 나쁠 때에도 그를 이겨냈으며, 크게 공헌하는 바가 있었고, 충분히 성의를 표했다. 금후 베트남·류큐·샴은 모두 4년 [1공]으로 바구어 사절을 파견해서 조공을 실행한다. 이에 따라, 번속의 의사를 알려 달라.[6]

이것은 청조가 지금까지 조선을 제외하고 정치적으로 가장 가깝다고 생각한 베트남, 쌀을 정기적으로 수입한 샴, 그리고 2년 1공을 시

6 『宣宗實錄』, 卷320.

행했던 류큐에 대해서 지금까지의 조공 및 조공 무역에 대전환을 명령한 것이었다.

아편전쟁의 재검토

이와 같은 상유에 나타난 조공정책의 전환은 무엇에서 기인했고, 무엇을 목적으로 했던 것일까. 특히 그 시기가 1839년 5월이라고 하는, 아편전쟁 개시 직전이라는 점에 중요한 의미가 있다. 왜냐하면 지금까지 아편전쟁은 오로지 영국, 미국 측의 무역이해를 관철시키기 위한, 또 폐쇄적인 아시아 각국을 시장으로서 개방하기 위한 전쟁으로 이해되어 왔기 때문이다. 그러나 이러한 조공정책의 전환에서 확인할 수 있듯이, 오히려 청조가 조공 관계를 그 이전보다도 느슨하게 하면서 독자적인 중상주의정책을 취하려고 했다는 사실을 알 수 있다. 즉, 조공정책을 전환시킴으로써 청조 중앙은 급증하는 광둥무역에 전력을 쏟아붓고, 그곳으로부터 재력을 흡수하려고 했던 것이다.

동시에 이것은 광둥의 지역주의로서, 무역을 특화하고 동시에 광둥무역을 장악하려고 하는 지역의 이해도 강력하게 작동했고, 그것이 중앙의 재정정책에도 크게 영향을 주었다. 이른바 아편의 엄금론嚴禁論과 이금론의 대립이다. 동시에 광둥 13공행의 상인들이 외국 상인과 밀접하게 교역관계를 맺고 있었다는 사실도 상기시킨다.

이에 대해서 중상정책으로 이행하려는 청조 중앙은 이를 위해 임칙서1785~1850를 파견해서 독자적인 이익을 추구하려는 광둥 지방의 움직임을 중단시키려 했다고도 해석할 수 있을 것이다. 그러한 의미에서는 아편소각사건을 광둥무역의 이익을 둘러싼 중앙과 지방의 충돌, 북과 남의 대립으로 이해하는 것도 가능할 것이다. 아편 금지를 완화하여 과세를 강화시키자고 하는 허내제許乃濟의 논의도 상기할 필요가 있다.

이처럼 청조가 조공정책을 전환했다고 하는 움직임은 아편전쟁을 외압이라는 측면에서 생각하려는 시점의 전환을 요구하고 있다고 볼 수 있다. 물론 상황적으로는 당시 베트남에서 내분이 일어나고 있었고 샴과 캄보디아의 분쟁도 일어나고 있었는데, 이들 분쟁이 유럽과 복잡하게 얽힌 관계였던 만큼 유럽의 힘을 내부로 끌어들임으로써 스스로의 세력을 확대하려고 하는 내분의 양상도 확인된다. 즉, 주변지역의 정치적 분쟁이 유럽을 끌어들였고, 청조에 반대하는 형태로 진행하는 그룹과 청조에 가담하는 그룹으로 분리되었다고 할 수 있을 것이다. 청조는 지방이 서서히 힘을 가지게 되는 조공무역을 중앙의 힘을 강화시키려는 방식으로 개입하고 있는 듯하다.

주변지역의 정치적 변동

또 주변 문제로서는 버마의 내분에 대해서 도광제는 지방의 토사민족그룹의 수장으로 청조의 관리로 임명된 자를 파견하여 진압하는 안도 생각하고 있었지만, 토사가 월경해서 역외로 부임하는 것은 반드시 좋다고는 생각하지 않았다. 조공 관계를 느슨하게 한 것은 주변의 정치적 긴장

고조, 특히 주변의 내분이 청조 내부에 영향을 주는 것을 염려했기 때문이라고 할 수 있을 것이다. 군사력 문제와 관련된 사항에 대해서는 특히 그러했다. 즉, 변경의 방위, 변방을 강화시킨다는 경고가 몇 번이나 발포된 사실로부터도 이러한 점을 엿볼 수 있다.

그러나 전체적으로는 지역간 관계로서의 조공 관계를 공납 기간을 늘려 주는 형태로 변경하려 한 것에 대해서, 류큐 등은 강하게 반발했고, 베트남은 점차 횟수를 줄여갔으며, 샴은 이후 태평천국군에 습격당한 것을 구실로 해서 조공을 정지하기에 이른다. 청조의 정책 전환, 중앙·지방관계 및 주변문제의 등장 등은 지금까지의 아편전쟁에 관한 구미의 외적 논리라는 문맥과는 전혀 다른 시점에서의 해석이 가능해질 것이다.

메이지 천황에 의한 류큐 책봉

조공 질서는 국가 질서를 만드는 것으로, 또는 이행기의 정당성을 부여하는 의례로 필요하여 이용되었다. 이하 후유伊波普猷는 이러한 의식이 류큐를 완전히 변화시킬 것이라고는 당시 그 누구도 생각하지 않았을 것이라 지적했다. 오히려 화이질서에 있어서는 류큐 쪽이 일본보다 문화적으로는 높다는 사실을 말하려는 것 같았다.

류큐에서는 가고시마현 참사의 주의에 따라 메이지 5년에 대정大政 유신維新 경하 사절을 파견하게 되어, 정사正使에는 이에伊江 왕자 쇼 겐尚健이 임명되었고, 부시副使에는 가메가와 오야가타龜川親方毛允良, 후일 기완(宜湾)의 정적이 된 친지파의 수령가 임명되었지만, 가메가와는 금번 상황은 사항이 다소 복잡해지리라 했던 것인지, 노쇠하여 임무를 수행할 수 없다는 구실로 사퇴했기 때문에 임무는 결국 기완에게 돌아갔다. 경하사 일행은 7월에 오키나와를 출발하여 9월에 황도에 도착했다. 조정에서는 극진히 일행을 환대했다. 모리 씨의 저택을 비워 일행을 위한 여관으로 내어 주었고, 외무성의 관리 및 요리사 등이 매일 같이 관내를 채웠으며, 관비로 모든 비용을 부담했다. 게다가 자주 연회 등에 초청했기 때문에 일행은 황제의 극진한 대접에 한없이 감사했다고 한다. 특히 후키아게吹上 별궁에서 개최된 가회歌會에 배석했을 당시, 수석계구水石契久라는 명제로 기완이,

"흔들림 없는 치세를 마음 속 바위에 뿌리내려 끊임없는 폭포의 실타래"

라고 노래하자, 홍엽여취紅葉如醉, 즉석의 과제로 황제가,

"서로 술잔을 주고받는 사이에 밖의 단풍마저 취한 기운으로 보고 있는 오늘이구나"라고 읊은 것이 사람들 사이에서 회자되었는데, 당시 궁중 사람들에게는 이러한 가인이 류큐에서 상경하리라고는 상상도 하지 못했을 것이다. 기완은 재학을 겸비한 사람이었기 때문에 소인묵객이 찾아와 교류를 맺는 경우가 대단히 많았고, 여러 회합에 초대되어 대부분 편안한 날이 없을 정도로 바빴다.

당시는 일본인이 국민적 통일을 이룩해야 한다는 기운이 도래했음을 자각한 무렵이었기에, 조정에서도 류큐를 처분해야 한다는 논의가 일어났다. 이에 대해 기도 다카요시木戸孝允와 같이 신중한 정치가는 지금은 국내 문제에 전력을 쏟아야 하는 시기라고 주장하며 류큐 문제를 신속하게 해결하려 하지 않았지만, 반대로 오쿠보 도시미치大久保利通와 같이 류큐의 내정에 정통

한 정치가는 이 호기를 놓치면 안 된다고 하면서 결국 류큐를 처분하기에 이르렀다. 그러나 류큐는 수백 년 동안 중국의 역법을 받들었던 나라이며 명의상 중국에 소속되었기 때문에, 이를 처분하기 위해서는 우리 쪽에서도 책봉한 후가 아니면 상황이 나빠질 수도 있다고 하여 순서로서 먼저 쇼 타이尙泰 왕을 번주로 봉하기로 했다. 이에 대해서 여러 의견이 나왔는데, 그 중에 "왕을 화족으로 인정하는 것은 결코 불가하다. 본래 화족은 신별神別을 기준으로 이에 임명하는 것이 황실의 법도이다. 지금 류큐 사람을 우리들 화족과 동등한 지위를 부여하게 되면, 우리 국내 사람들과 등등하다고 여겨 타국인들도 혼란스러워 할 것이다"라는 의견도 있었다. 류큐는 병합하고 싶지만 병합은 하더라도 류큐인을 자신들과 동등하게 취급하는 것은 마음이 불편하다고 하는 것이다.

마침내 황제를 알현하는 날이 되자, 예상대로 쇼 타이를 번주에 봉하는 조서가 내려졌다. 사절 일행 중에는 기완 등이 단독으로 조지朝旨를 받드는 것을 비난하는 자도 있었지만, 기완은 조용히 세계의 대세를 논하고 자국의 입장을 설명하여 논자를 계몽하고 정사를 도와 신속하게 조정의 명령을 받들게 했다. 이른바 일찍이 가쓰 아와勝安房나 이완용이 했던 것과 같은 일을 해버렸기 때문에, 류큐는 이 때 이미 자국의 운명이 정해진 사실을 꿈에도 몰랐다.[7]

이와 같이 조공 질서는 무역의 측면에서는 남쪽 바다인 환중국해의 활성화에 따라 청조 정부도 변경을 고려했고, 더욱이 일본의 '근

---

7 『前揭全集』第2卷, pp.255~256.

대화', '서양화'에 대해서도 동아시아 주권국가의 배경을 이루는 종주권적인 기능을 달성하고 있었다고 볼 수 있을 것이다.

　이상에서 살펴본 바와 같이, 동아시아 지역 시스템의 구성과 그 주기적 변화의 다이너미즘은 '조공'이라는 형식이 종료된 19세기 말을 기준으로 크게 전환되었다고 봐야하는지 아니면 서양의 요인도 함께 흡수하면서 커다란 변화는 나타났지만 본장에서 살펴본 바와 같이 중층적이면서도 다각적인 네트워크를 가진 아시아 지역사, 특히 동아시아 지역사 속에 '실질적'인 지역적 다이너미즘의 요인이 마치 유전인자와 같이 삽입되어 있어, 그것들이 유지되고 있다고 생각해야 하는지 이러한 문제의식은 역사 인식에 대한 커다란 전환을 요구하고 있다. 이 문제는 새로운 광역지역 관계가 모색되고 있는 현재, 회피해서는 안 될 중요한 테마일 것이다. 그리고 후자의 시점에서 아시아사를 재조명하고, 아시아의 지역간 관계의 미래를 관찰하는 분석틀을 새롭게 고안해 내는 것이 현재의 급선무라고 생각한다.

종합자료로서의『역대보안』― 류큐왕국의 외교문서집

1990년 이래 오키나와현 교육위원회, 1997년 이후부터는 오키나와현 공문서관에 역대보안자료편집실이 설치되어, 이본異本 교정에 의한『역대보안歷代寶案』의 편집 출판 작업이 진행되고 있다.『역대보안』이란 류큐왕국의 외교문서를 왕부 스스로 편집한 것이다. 수록문서의 연대는 1424년류큐국왕 쇼 하시(尚巴志) 3년, 중국에서는 명의 영락(永樂) 22년부터 1867년최후 류큐국왕 쇼 타이(尚泰) 20년, 중국에서는 청의 동치(同治) 6년까지의 444년간에 이른다.

문서로부터 알 수 있는 상대방, 즉 류큐왕국이 외교관계를 가진 국가들은 중국을 중심으로 한 조선이나 동아시아 국가들이며,『역대보안』에는 이들 지역과의 왕복 문서가 수록되어 있다. 수록된 문서는 본래 제1, 2, 3집을 합하여 262권, 별집 4권이 존재했지만, 현재는 총 20권이 부족한 상태이다. 문서의 종류는 중국의 명이나 청의 황제로부터 온 조서, 중앙관청의 예부나 푸젠성의 포정사사의 자문咨文, 류큐 측으로부터는 왕국의 表表, 전문箋文, 주문奏文, 자문咨文, 부문符文, 집조執照 등이 있고, 별집은 「불영아삼국정상佛暎哑三國情狀」 등의 구미관계 문서가 정리되어 있다.

역대왕조의 '귀중한 문서'를 의미하는 『역대보안』 편집사업은 슈리왕부에 의해 몇 번이고 진행되었다. 그것은 역사적 문서의 편집이었을 뿐만이 아니라, 실제로 외교문서를 작성할 때에 선례 문서를 참조한다는 왕부의 행정상의 필요로 편집되었다. 따라서 '보안寶案'이라는 문서의 매뉴얼로서 이름이 붙여진 것이다.

최초 편집은 1697년으로, 구메무라久米村의 장관인 사이타쿠蔡鐸 등에게 명하여 실시하였다. 이들 외교문서는 오랫동안 구메무라에 있었는데, 1372년 중국과 외교관계를 맺은 이래로 벌써 300년 이상이나 지났기에 왕부로서도 그 보존·정리의 필요를 느끼고 있었다고 할 수 있다. 전년인 1696년까지의 외교문서를 형식·국가별로 정리하여, 이것을 제1집으로 편집했다. 다음으로 데이 준소쿠程順則 등이 감수를 담당해서 1729년까지의 문서를 정리했고, 그 후에도 정리를 계속하여 결국 1697년부터 1858년까지를 제2집으로 편집했다.

제3집은 이후 1867년까지 왕국 말기의 단기간에 걸친 문서가 수록되었다. 제2·3집 모두 제1집과는 달리 연대순으로 편집되어 있다.

왕부에 의해 편집된 『역대보안』은 두 부 작성되어, 한 부는 슈리왕부에, 그리고 또 한 부는 구메무라에 보관되었다. 왜 구메무라에도 보관 되었는가 하면, 왕국시대에 구메무라는 중국에서 도래한 지식

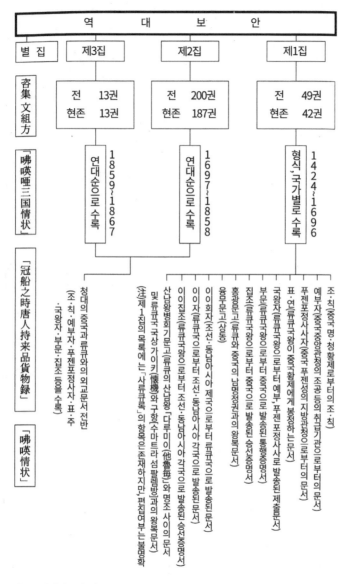

〈그림 12〉『역대보안』의 구조

출처 : 赤嶺誠紀, 『大航海時代の琉球』

기능자집단의 거류지로서, 류큐가 처음 중국과 조공·책봉관계를 맺은 14세기 후반에 푸젠성으로부터 '민인36성閩人三十六姓'이 류큐로 이주하였다. 그들은 특히 외교·교역의 통역, 실무 문서의 작성, 항해기술 등에 능통하여 왕국은 그들의 지원에 의하여 운영을 원활히 진행할 수 있었다.

류큐가 중국에 진공할 때, 중앙관청의 예부나 지방관청의 푸젠포정사사 등에게 보내는 공문서의 작성, 중국이나 다른 나라로부터의 공문서를 독해하여 적절한 회답문서를 작성하는 것은 구메무라 외교담당자의 전관 사항이었다. 따라서 구메무라의 입장에서는 왕국의 외교 문서는 실무상에서도 필요한 자료이며, 두 부 작성된 이유는 거기에 있었다.

구메무라의『역대보안』은 처음에는 천비궁天妃宮에 보관되어 있었으나, 폐번치현廢藩置縣 이후에 몇 군데 전전한 후, 명륜당구메무라의학교에 비닉되어 있었다. 왕국시대 이후 관계자 이외는 볼 수 없었기에 세간에는 전혀 알려지지 않았다. 1933년쇼와 8에 그 존재가 밝혀졌을 때는 '류큐왕국 외교사료의 대발견'으로서, 하나의 큰 센세이션을 불러일으켰다고 전해진다. 100년 이상이나 그 존재가 밝혀지지 않았던 것이다.

발견된『역대보안』은 공적 기관에 보관해야만 하는 것이었기에, 향토사 관계의 학자나 학교 관계자가 구메무라 사람들을 설득하여, 그해 11월 14일에 구메무라의 원로 및 유지 협의회에서 현립도서관으로 옮길 것을 결정했고, '원본은 엄중히 보관하고, 사본을 작성하여 일반 연구자에게 열람하게 할 것'을 조건으로 다음 날에 인계하였다.

메이지 국가가 탄생하자 류큐왕국은 해체되고 그 때에 왕부의 공문서류도 중앙정부로 이관되었다. 내무성에 보관된 문서 중에, 왕부본의 『역대보안』도 포함되어 있었으나, 1923년 간토대지진 당시에 소실되었다고 전해진다.

한편 구메무라에서 현립도서관으로 이관된 『역대보안』은 쇼와 8년에 오키나와에서 발견된 것으로서 남겨진 유일한 원본이었다. 그러나 이 원본도 오키나와전이 한창일 때, 소개지인 오키나와 본섬 북부의 산중에서 소실·산일되었다고 전해지고 있다.

사본으로서의 『역대보안』

이리하여 15세기부터 전래되어 온 류큐왕국의 400여 년에 걸친 외교문서집 『역대보안』의 원본은 소멸되었다. 그러나 사본이 다음과 같이 남아 있다.

(1) 구메무라에서 발견된 때에 전 오키나와현립제1고등여학교 교사인 가마쿠라 요시타로鎌倉芳太郎가 당시 최신 기술로 청사진 촬영(오키나와현립예술대학부속도서관 예술자료관 소장)

(2) 히가시온나 간준東恩納寬惇이 청사진과 필사본 모두 작성(오키나와현립도서관 히가시온나문고 소장)

(3) 요코야마 시게루橫山重가 필사본을 작성(한 부, 법정대학 오키나와문화연구소 소장)

(4) 구와에 가쓰히데桑江克英 등이 현립도서관으로부터 의탁받아 필사로 부본을 작성, 전후 미군이 소개지로부터 회수하여 나하시의 류미문화회관에 수장(나하시립도서관 소장)

(5) 구 다이호쿠제국대학의 고바타 아쓰시小葉田淳 등의 의탁으로 구바 세이세이久場政盛 등이 필사본을 작성(타이완대학 도서관 소장)

(6) 도쿄대학 사료편찬소가 현립도서관에 의탁하여 필사본을 작성(도쿄대학 사료편찬소 소장)

이들 '제본'의 특징과 현존 권수는 이하와 같다.

- **가마쿠라 영인본** 원본의 영인으로 가장 신뢰성이 높지만, 한정된 조건 아래 옮긴 탓인지, 선명하지 못한 부분이나 옮겨지지 않은 부분 등이 있다. 제1집 36권이 현존. 도쿄대학 사료편찬소가 마이크로필름화하고 있다. 오키나와현립예술대학 이관 당시에 1권·12권이 분실되었다.
- **히가시온나東恩納 영인본** 청사진 영인본으로 가마쿠라본보다도 섬세하게 복사되어 있으나, 충해가 진행되고 있다. 양적으로는 가마쿠라본보다 적으나 제1집 24권이 현존하며, 가마쿠라본의 결권을 보충하는 부분도 있다.
- **히가시온나東恩納 필사본** 전 30권이지만, 14권이 중복이므로 실질적으로는 29권. 필사할 때 선명하지 못한 부분은 채우지 않고 첨자로 추측 문자를 기록하여 원본에 충실하였다.
- **요코야마 필사본** 구메무라에 있던 당시에 약 100권 정도를 필사. 그중 수십 권을 히가시온나 간준에게 맡겼고, 13권이 본인에게 돌아가 현존, 남

은 수십 권은 전재로 소실되었다 전해진다.

- **구 현립도서관 장사본** 한학자 구와에 가쓰히데의 주도 하에, 복수의 사람들이 필사한 것. 제1집 31권, 제2집 65권이 현존한다. 필사 후에 원본과 교합하였다.
- **타이완대학 장사본** 제본 중에서 가장 완벽에 가까운 형태로 갖추어져 있다. 그러나 필사할 때에 결손 부분을 추측해서 채운다거나 하였다. 전후, 마이크로필름화하여 하와이대학 등 해외로 배포되었고, 영인본도 간행되었다.
- **도쿄대학 장사본** 도쿄대학 사료편찬소의 의뢰로 현립도서관의 부본으로 재필사된 것. 제1집 38권이 현존.
- **데이료히쓰鄭良弼 사본** 19세기, 구메무라의 데이료히쓰가 제1, 2집 중에서 문서를 샘플로 뽑아서 필사한 것.

『역대보안』은 류큐왕국 시대의 외교문서를 수록한 귀중한 사료이나, 류큐가 중국과 공적관계를 맺은 이후의 모든 시대, 모든 외교문서가 수록되어 있는 것은 아니다. 가장 오래된 문서는 쇼 하시尚巴志 왕대인 1424년부터 시작되었다. 류큐가 중국 명의 초유招諭에 응하여 처음 견사를 파견한 것이 1372년 추잔왕 삿토察度 때로 거슬러 올라가지만, 그 이후의 외교문서는 존재하지 않는다.[1]

이와 같이 원본이 아니라 사본으로 존재하고 있다는 특징은 사본 과정에서 나타난 서사書寫 부분의 선택이나 자형, 생략 등 필사하는 측

---

1 沖繩縣教育委員會編, 『歷代寶案』第2冊, 和田久德 '解題' 참조. 沖繩縣教育委員會, 『歷代寶案의 栞』 참조.

의 의도가 직·간접적으로 투영되어 있다는 것이다. 이것 역시 『역대보안』을 통해서 류큐 지식인의 자세나 아이덴티티를 알 수 있는, 귀중한 자료이다.

류큐왕국의 외교

『역대보안』은 류큐와 중국과의 교류관계가 중심이 되고 있다. 류큐는 1372년에 중국 명조의 초유에 응하여 진공사를 파견한 이래, 메이지 초기까지 책봉·조공 관계를 계속해 왔다.

이러한 관계는 중국황제가 류큐국왕을 승인하고 류큐국왕은 황제에게 신하의 예를 다한다는 것으로, 중국을 둘러싼 주변의 나라들과도 같은 관계를 맺고 있었다는 것으로부터, 말하자면 동아시아·동남아시아에서 중국을 축으로 한 국제 질서이며 안전보장체제의 성격을 지니고 있었다고 할 수 있을 것이다.

류큐국이 중국으로 보낸 사신은 우선 푸젠성의 푸저우로 들어가, 그곳에서 석 달 가까이 걸려 베이징명초는 난징에 도달했다. 당시, 푸저우명초는 취안저우에는 류큐관이 있었고, 류큐의 사신은 그곳을 거점으로 하여 베이징으로 향했던 조공사절이 귀국하는 반년이라는 시간 동안, 쑤저우나 광저우에 가서 교역을 행하였다. 또한 명초에 푸젠성에서 '민인36성'이라 불리는 외교·교역·기능자의 그룹이 류큐로 이주하여 류큐왕국의 외교실무를 담당하게 된 이후 깊은 관계를 구축해왔다.

구메무라와 같이 중국계 집단이 해외에서 거류지를 형성하는 것은

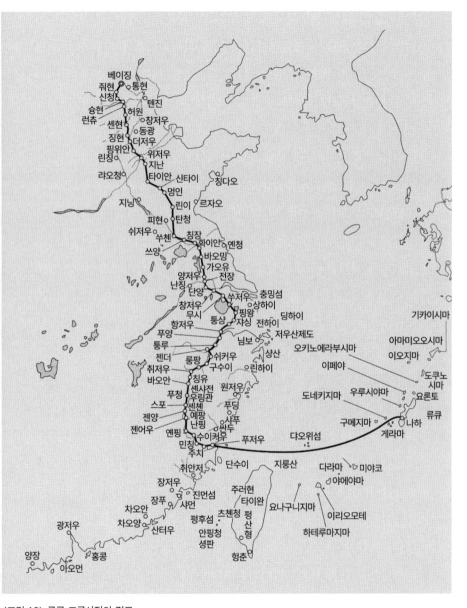

〈그림 13〉 류큐 조공사절의 경로

출처 : 赤嶺誠紀, 『大航海時代の琉球』

동남아시아 지역의 항구도시 국가에서 공통적으로 나타나는 형태이다. 그들은 모국 중국과의 교역실무에 종사하면서 경제적·정치적 역량을 축적해갔고, 그들 스스로를 '당영唐営' 또는 '당영唐栄'이라 칭했다. 명청교체 이후에는 청조만주족의 풍속에 따르는 것을 꺼려해 차츰 류큐의 풍속에 동화되어 갔다.

1389년 고려로부터의 표류민 송환을 계기로 시작된 교류는 1392년의 조선 건국 후에도 계속되었다. 왜구가 연행한 포로나 표류민을 류큐가 송환한 사례가 많았는데, 그중에서도 1479년에 제주도민이 류큐에 표착했을 당시의 견문록이 『조선왕조실록』에 남아 있어 당시의 류큐의 모습을 전하는 귀중한 기록이 되고 있다.

조선도 중국과 조공 관계를 가졌지만, 류큐와 조선의 교류에 관해서는 류큐 측이 적극적으로 움직이고 있었다. 규슈 근해에서 왜구나 해상이 활동하고 있었던 것이 조선 측을 수동적으로 만든 하나의 원인이 되었다. 그러나 조선 측은 류큐의 사신이 내항했을 때 충분히 접대하고, 다양한 예물을 류큐국왕에게 보냈다. 특히 당시로서는 상당히 귀중한 경전 『대장경』을 보내어, 이것을 봉납할 '경당후의 베자이텐도(弁財天堂)'이 슈리성 아래 엔칸치円鑑池의 중앙에 위치한 섬에 지어졌다. 한편 류큐 측은 조선에 주로 남방의 산물을 진상하였다.430년대 이후 류큐의 사절이 하카타·쓰시마対馬 등의 규슈상인의 배에 편승하는 일도 있었고, 머지않아 그들에게 업무를 위탁하는 등 간접적 교류로 변화해 갔다. 그 중에는 아무런 연고도 없는 규슈상인이 류큐사절이라 사칭하여 조선과의 통교·교역을 한 적도 있었다.

14세기 후반 동아시아 지역에서는 '마나반남만'이라 불리는 동남아시아의 나라들로부터 상선이 내항하였으나, 15세기에는 류큐가 스스로 교역선을 '마나반' 지역으로 파견하기 시작했다. 『역대보안』에는 섬라샴(暹羅), 불태니파타니(佛太泥), 만자가말라카(滿剌加), 구항팔렘방(舊港), 조와자바(爪哇), 소문답지수마트라(蘇門答剌), 안남베트남(安南), 순달자카르타(巡達) 등의 지명 및 국명이 등장한다. 류큐왕국은 이들 항구도시 국가에 친서·예물을 보내 교역을 행하였다.

류큐 선박은 일본이나 조선으로부터 입수한 금이나 무기일본도 등를 운반하고, 후추, 향료, 상아, 주석, 주옥, 소목 등을 가져와 이것들을 중국이나 일본, 조선 등으로 운반하였다. '마나반'과의 교역 루트를 확립함으로써 류큐는 동아시아의 중계교역센터로서의 지위를 구축하였다.

당시의 동남아시아 항구도시의 많은 국가들도 류큐와 같이 중국에 조공을 하고 있었고, 그곳의 중국인이 마치 류큐의 구메무라처럼 외교실무를 담당하고 있었다. 조공국 상호의 외교문서도, 현지에서의 교섭·교역도 한어·한문을 공통어로 사용하였다.

일본과의 외교문서는 『역대보안』에는 없지만, 『통교일람通交一覧』에는 일본에 표착한 류큐인의 기록을 찾아볼 수 있다. 양측은 서로 일어로 된 친서를 교환하는 관계였고, 15세기 전반에 류큐국왕은 무로마치 막부에 사자를 파견하여 우호외교와 교역을 행하였다. 그러나 15세기 후반 오닌의 난応仁の乱 이후 혼란과 치안의 불안으로 인해 류큐로부터의 견사는 없어지고, 대신 큐슈의 해상海商이 류큐에 내항하게 되어 일본의 산물을 가져왔다.

류큐의 입장에서 일본은 동남아시아나 중국으로부터 가져온 상품을 판매하는 시장, 또는 중국이나 동남아시아로 가져가는 상품의 구입처이기도 했다. 또 상호 표류민 송환도 행한다는 점에서 준 조공관계이기도 했다. 일본과의 관계가 깊어질수록 류큐에 오는 일본인도 증가했다. 승려 중에는 류큐에 영주하며 왕부의 정무·대일외교의 실무를 돕고, 사원을 열어 그곳의 주지가 된 자도 있었다. 이리하여 류큐에 일본의 문물, 불교문화도 침투해갔다.

류큐와 마닐라의 교역

1571년에 스페인에서의 원정대를 이끈 레가스피Miguel López de Legazpi가 마닐라에 들어가 이곳을 필리핀제도 운영의 거점으로 삼았다. 다만, 이 지역은 역사적으로는 루손섬 혹은 술루로서 중국과 조공무역을 행하고 있었고, 이미 중국상인 거리나 일본인 거리도 구축되어 있었다. 스페인이 갈레온선 무역으로 마닐라와 신대륙을 연결하게 되자, 신대륙의 은이 대량으로 아시아에 유입되었다. 그리고 그 대상품은 중국의 생사나 동남아시아의 후추 등 특산품이었다.

1494년의 토르데시야스 조약에 따라 스페인과 포르투갈은 세계를 2분할하여, 중남미는 브라질을 제외한 전 지역이 스페인 측으로 구분되었고, 아시아는 기본적으로 포르투갈 측으로 구분되었다. 스페인이 마닐라에 거점을 세운 후에는 아시아무역에 직접적으로는 참여하는 것이 불가능했기 때문에, 중국상인을 흡수하여 마닐라와 중국 사이에서 무역을 담당하게 하는 방식으로 은과 생사와의 교환을 행하였다. 이 거래에 류큐 상인도 참가했는데, 기존의 동남아시아의 특산품이 아닌 루손섬 경유의 은을 중국에 운반하였다고 추측된다.

이 시대의 스페인측 자료에 남겨진 류큐와의 교역에 관한 기록은 1519년부터 1738년까지 220년간, 59곳에 달하고 있다. 내용은 다음과 같다.

(1) 류큐의 지명 혹은 위치의 비정

(2) 교역상의 지위

(3) 류큐제도의 형상 및 생활 상황

(4) 스페인과 류큐의 관계

(5) 일본과 류큐의 관계

(6) 중국과 류큐의 관계

이상을 포함하여 중국과의 조공, 사쓰마의 진공도 기술되어 있다.

이 자료들 중, 류큐와 루손섬의 은무역·생사무역의 검토와 관련된 사료의 일부를 시대순으로 소개해 보도록 하자.

- 류큐인이 소유하고 있는 정크선이 매해 6~8척 루손섬에 이르는 것을 기록한 자료. 이 자료에 대해서 편자는 '여기에서 말하는 류큐인이란 중국인을 말한다'고 주석을 달고 있지만, 상황에 따라 양쪽은 반드시 모순되지 않는 가능성도 있다고 할 수 있다.
- 중국·류큐·자바·일본의 재산을 노리고, 혹은 크리스트교를 포교하려는 목적을 가지고 포르투갈에 대항하여 스페인의 영향력을 확대하

는 방책을 논한 자료.

- 일본에서 은을 생산하여 그 은으로 중국에서 생사를 구입하고 있는 점, 류큐가 풍족하다는 점을 기록하고 있다. 단, 류큐는 규모가 작고 대외 상업은 그다지 활발하지는 않다고 추측한 자료.
- 루손섬 북부의 중국인·일본인의 역사적 소재, 남중국해에서 중국인이 압도적인 우위를 차지하고 있고, 주변 왕국에 대해서 영향을 주고 있다는 사실을 서술한 자료.

이 자료들은 정황자료·간접자료이기는 하지만, 류큐 상인의 교역 활동은 16세기 후반부터 그때까지의 조공품의 조달로써 동남아시아 와 교역을 행했던 단계에서, 마닐라로 유입된 신대륙의 은 및 일본으로부터의 은을 수단으로하여 더욱 확대된 교역 네트워크를 형성할 조건을 얻을 수 있었던 것은 아닐까 추측된다. 이 조건은 기본적으로는 동아시아가 중국을 중심으로 한 은화권을 형성하면서 그 은이 주로 일본과 신대륙으로부터 공급된 것에 의하여 성립되고 있었다. 당시의 금은의 비가比價는 스페인에서는 1대 13, 중국에서는 1대 6, 일본에서는 1대 9였고, 생사 교역뿐만 아니라 금은교환무역 측면에서도 중국으로의 은수출은 이익이 상승하였다.

이와 같이 조공무역 범위 내의 특산품 무역이라는 단계부터 은 유통·은 결제라는 보다 일반화된 교역관계가 성립함에 따라, 류큐의 교역 네트워크는 조공무역의 범위 내에만 위치할 필요도 없어졌다고 할 수 있다. 류큐의 교역활동은 어떠한 경우에는 중국 상인의 교역 네트워크에 보다 강하게 접근하고, 또 다른 경우에는 일본과의 무역에 특화되는 형태를 취하면서 더욱 더 다각적인 관계를 가지게 되었다고 할 수 있다. 그러나 그 역사적 표현은 반드시 류큐왕국 스스로에 의한 교역 네트워크의 확대·강화라는 형식을 취하지 않았다는 것도 사실이라 할 수 있다.

사람의 이동과 동아시아 이민권의 형성

동아시아의 역사적인 국제질서 원리였던 중국을 중심으로 한 조공체제는 무역관계를 중요한 내실로 삼고 있었다. 따라서 조공무역관계에 기초한 '물자'의 움직임을 통해서 동아시아 역내의 교역관계를 검증하는 것은 조공 관계 및 영역 내 각국·각 지역의 상호관계를 이해한다는 측면에서 중요한 과제가 되고 있다.

동시에 이 '물자'의 움직임은 '사람'의 움직임과 어떻게 관련되어 있는 것일까. 달리 말하자면, 조공 관계가 어떠한 방식으로 역내의 '사람'의 움직임을 촉진시키고, 동시에 특징지어온 것인가 하는 점을 검토하는 것이 중요한 과제이다. 또 '사람'의 이동에 관해서는 지금까지 이민 연구의 측면에서 진행되어 왔는데, 이민이 특정 지역에서 다른 지역으로의 이주로서 촉진되어 비교적 일방향적인 면으로 검토되어 왔다고 생각된다. 그러나 '사람'의 이동은 지극히 다양한 방향·형태·내용을 가지고 있다. 예를 들면, 공사貢使나 책봉사 등 공적이고 정기적인 방문에서부터 상인집단의 교역망에 따른 이동, 게다가 표류민 등의 형태도 존재하고 있다. 그리고 이들 '사람'의 이동에 대한 규칙·형태·목적·대응도 다양하다.

명말청초16세기 말~17세기 초의 불안정기에 발생한 푸젠·광둥 등 화남 연해지방으로의 '사람'의 이동은 주로 대만으로 향하는 경우였지만, 문제는 여기에서 멈추지 않는다. 즉, 이 시기 '사람'의 이동은 그 이전까지의 류큐와 중국, 류큐와 일본의 관계에 변화를 초래하였는지 아닌지, 또 도쿠가와 막부의 이른바 '쇄국'정책에 영향을 받았는지 아닌지 라는 과제의 검토이다. 일반적으로 '사람'의 이동이 초래하는 일종의 '외측으로의 인구 압력'은 각국의 대외정책에 얼마나 영향을 주었는지를 음미하여 그 시점으로부터 쇄국정책 자체를 다시 재검토하려는 시각이다.

다만, 일본의 대외관계사 연구 중에 일본에서 밖으로 향하는 이민이든 외부로부터 일본에 들어오는 이민이든, 전전·전후戰後의 일정 시기를 제외하고는 기본적으로는 소수거나 임시적인 성격이 강했기 때문에, 이 '사람'의 이동 문제는 중시되지 않았던 테마의 하나일 것이다. 그 이유를 몇 가지 생각할 수 있는데, 배경적 상황에서 보면 일본은 역사적으로 이른바 '일상적'인 '사람'의 이동이 발생하는 일이 적었다는 점을 지적할 수 있을 것이다. 이것은 중국 화교의 예와 비교할 필요도 없이, 일본사 내에 볼 수 있는 안에서 밖으로의 '사람'의 이동은 소수이고, 정책 주도적이며 또한 회귀적이다. 그리고 해외로 이민한 경우 2, 3세대 이후부터는 현지에 쉽게 동화되었다는 사정이나, '사람'의 이동이 해외로 향해 발생한 경우에서도 이민처와 이민국과의 관계가 장기간에 걸쳐 유지되지 않는 결과를 초래했다. 따라서 해외로의 이민은 일본으로부터 혹은 일본 사회로부터의 '이화작용'이라고 생각해왔다고 말할 수 있다. 이는 때로 이민이 '기민'으로서 받아들여진 이유이기도 하다.

아시아·동남아시아 영역내 네트워크의 활성화

푸젠과 대만 사이에서 행해진 교역활동은 대량의 이민의 흐름과 표리일체를 이루며 진행되었다.

청조가 대만부를 설치하여 푸젠성 관할 하에 둔 시기는 1684년강희23이지만, 이를 한참 거슬러 올라가 푸젠성 동쪽 연안 지역에서 대만으로의 이민은 시작되고 있었다.

취안저우 일대에서 대만으로의 이민이 시작된 시기는 당나라 시대까지 거슬러 올라간다고 알려져 있지만, 평후제도澎湖諸島를 향한 이민이 증대한 시기는 12세기 초엽의 북송 말기·남송 초기이다. 청조 초기 대만에 거주하고 있던 한족 인구는 50~60만 명이었으며, 옹정연간1720년대에는 일족이 모두 이주하는 이민이 증가했고, 건륭연간18세기 중엽부터 말엽에는 100만 명대로 늘어났다. 이 과정에서는 17세기 초엽에 네덜란드 동인도회사가 대만을 점거하고 식민정책을 진작시켰던 점도 이민을 촉진케 한 큰 원인이 되었다.

인구는 이후에도 증가하여 19세기 초반가경연간에는 200만 명 이상, 대만성 설치 시기1885에는 320여만 명에 달하였다. 이것은 청조 초기부터 약 200년 사이에 인구가 약 6배가 넘게 증가했다는 것이 된다. 그리고 대만으로 이주한 한족의 원적지는 푸젠 계열이 압도적으로 많

왔고, 그중에서도 취안저우부와 장저우부 두 지역이 대부분을 차지하고 있었다.

이러한 푸젠에서 대만으로 향하는 이민·교역의 확대는 두 지역만의 관계의 확대가 아니라, 동중국해부터 남중국해에 걸쳐 행해지고 있었던 교역관계 전체에도 영향을 준 것으로 판단된다. 즉, 중국 화남지방에서의 대외 교역지역를 동양과 서양으로 나누어 분류한『대해사차록台海使槎錄』은 다음과 같이 기술하고 있다.

> 통상을 진행하고 있는 동양·서양의 모든 국가에 관해서, 서양은 교지交趾, 베트남 북부 통킹·하노이 지방·점성占城, 참파·섬라샴·하항下港, 밴텀·가류파加留吧, 자카르타·동포채東埔寨, 캄보디아·대니大泥, 빠따니·구항팔렘방·마육갑麻六甲, 말라카·아제啞齊, 아체·팽형彭亨, 파항·유불柔佛, 조호르·정기의丁機宜, 트렝가누·사길항思吉港, 수카다나·문랑마신文郎馬神, 한자루막심이다. 동양은 여송呂宋, 루손 섬·소록蘇祿, 술루·묘리무貓里務, 부리아스 섬·사요沙瑤, 시부게이·눌필탄呐嗶嘽, 다피탄·미락거蔴洛居, 말루쿠 제도·문래文萊, 브루나이·계롱雞籠, 지롱·담수淡水, 단수이이다.

대만(여기서는 지롱과 단수이를 예로 들고 있다)은 정확히 동중국해와 남중국해와의 중계점에 위치해 있고, 푸젠과 대만 사이에 개시된 '물자'와 '사람'의 이동의 활성화는 상기 자료에 보이는 교역항 상호 네트워크를 자극하여 역내 교역과 이민을 확대시켰다고 생각할 수 있다. 배경적 측면에서는 대만의 쌀·설탕이 그 대안對岸인 푸젠성에 공급된 것뿐만 아니라, 더욱 넓은 범위에서 상품화 되어가는 과정이 존재하였는데, 네덜란드가 이 지역에 착목한 이유도 이러한 대만의 전략적인 위치에 의존하고 있었다.

류큐의 역할

푸젠·대만 관계의 긴밀화는 류큐에게 다음과 같은 두 가지 측면에서 영향을 주었다. 첫 번째는 남중국해를 둘러싼 동남아시아와의 교역에 대해서이고, 두 번째는 대만 혹은 푸젠에서 나가사키로 향한 '물자'와 '사람'의 이동에 대한 것이다.

첫 번째 류큐와 동남아시아의 교역관계는 역사적으로 볼 때, 류큐와 중국 사이에서 행해진 조공무역의 교역품은 대부분 동남아시아 시장에서 조달되었다. 예를 들면, 1504년홍치 17의 조공사절에 대하여 조공품이 충분히 조달되지 않은 탓에 '유사보공遣使補貢'을 청원한 사정이 다음과 같이 설명되고 있다.

류큐에서 온 공물은 말라카 시장에서 유통되고 있는 것인데, 태풍을 만난 탓에 도착하지 않았다(小邦(琉球) 貢物常市之滿剌加, 因遭風到失期).

여기에서는 류큐가 조공품을 말라카에서 조달하고 있었는데, 이해에는 태풍을 만난 탓에 조공 기일에 맞추지 못했다는 사실이 기술되어 있다. 이 상황은 푸젠·광둥상인이 대만과의 교역을 확대하는 과정에서 동남아시아와의 교역관계도 확대했다고 생각한다면, 류큐의 대외관계에 관해서는 저해적인 영향을 주었다고 생각할 수 있다.

두 번째 일본과의 관계에 대해서는 일본으로 향하려는 '물자'와 '사람'의 이동이 증대하여, 그 결과로 직접적이든 간접적이든 류큐를 경유하는 선척의 증대가 초래되었다고 생각할 수 있다.

그 일례로서, 1741년 12월에 아마미 오시마奄美大島에 표착한 당나라 선박이 거기서는 수복 불가능이었던 탓에 류큐의 운텐運天항으로 회송되어 나키진마지리今帰仁間切의 번소에 수용되었다가 다른 표착 당나라인과 함께 전세 선박으로 본국으로 돌아간 사례를 들 수 있다.

오시마에 표착한 중국 상인은 쑤저우부 우현吳縣의 관허 동銅 무역상인이었다. 상하이를 출발하여 나가사키에서는 사주견직물·단족새틴·약재·당화설탕제품을 장재했다. 돌아가는 길에는 나가사키에서 조동동으로 된 밀방망이·해대다시마·해삼·홍채우뭇가사리·포어전복·동관동기·어시상어 지느러미·동분동 접시·유어오징어·칠기 등을 장재하여 돌아가는 길에 조난되었다. 또 다른 조난선에는 총 49명이 있었는데, 구체적으로는 쑤저우인 23명, 쑹장인 15명, 푸저우인 11명이었다. 그들은 모토부마지리 당번의 조사에 기초하여 사쓰마를 거쳐 나가사키에 보고되었다.

『류큐왕국평정소문서琉球王國評定所文書』에는 상기 자료 이외에도 조선인의 표착 사례, 류큐인의 중국으로의 표류 등의 기록이 수록되어 있다. 표류기록이 잔존한다는 것은, 그것이 구제되지 않은 표류·조난 전체 중에 극히 일부에 지나지 않았다는 것을 생각해보면, 실제로는 류큐를 둘러싸고 그곳과 교역 관계를 가진 중국·일본·조선과의 교섭은 더욱 대규모였다고 생각할 수 있다.

일본을 향한 '사람'의 이동 — 나가사키 내항 '당선唐船'

이른바 나가사키 무역 시기 중국과의 교역은 당선唐船 내항수의 변화로 나타난다. 게다가 이러한 변화는 교역의 많고 적음을 나타내는 것뿐만 아니라, '사람'의 이동에 대해서도 많은 정보를 제공하고 있다. 이 '사람'의 이동에 대해서는 다음과 같이 각각 구별할 수 있다.

(1) 복수의 무역항을 왕복 또는 순회한 주기적·계절적인 이동
(2) 부정기적이며 동시에 일정 기간 어떤 무역항을 방문하고 그곳에 체재하면서 상업 활동을 행한 반半이주적 이동
(3) 무역항 혹은 특정 장소에 정주하는 이민의 형식을 취한 이동이나, 가족을 동반하지 않고 벌이를 하는 형식을 취하는 이동
(4) (3)과 같은 정주이민이지만 가족과 함께 정주하는 이동

이상과 같은 각각의 형태를 생각할 수 있다. 그리고 이들은 서로 영향을 주고받으면서 '사람'이 이동하는 거대한 '이민권'을 구성했다고 볼 수 있을 것이다. 이 이민권은 교역권과도 겹쳐지는 형태로, 서로 그 범위를 보완해 왔다. 아래에서는 이들을 둘러싼 여러 문제점에 대해서 검토해 보도록 하자.

1630년대 에도막부는 이른바 쇄국을 지시하고 나가사키를 대외교역의 개항지로 지정하였다. 이후 중국과의 무역은 이곳 나가사키 이외에도 마쓰마에번松前藩과 아이누, 쓰시마 소씨를 통한 조선 경유, 사쓰마번을 통한 류큐 경유를 포함해서 총 네 곳의 창구를 통해 행해지

게 되었다.

쇄국이 시행된 시기는 중국의 청조 초기에 해당되며, 중국의 사정에 따라 내항 수가 변화되고 있는 점이 특징적이다. 대만에 의거한 정성공鄭成功을 중심으로 하는 반청 세력에 대한 대책으로서 1661년에 천계령청조정부에 의한 연해 거주민의 내륙으로의 강제이동 정책이 실시되고, 그 후 1683년에 정씨가 항복하여 천계명이 다음해에 철폐될 때까지는 중국 연해에서 내항하는 선박의 수가 눈에 띄게 감소하였다. 그러나 1685년 이후가 되면 선박 수의 현저한 증가 추세가 확인된다.

한편 대만으로부터의 내항 수는 정성공의 영향 하에서 증가 추세를 보이고 있고, 이후 그의 멸망에 따라 현격하게 감소하고 있다.

동남아시아와의 교역은 오히려 일정하게 유지되고 있다. 광난위에·캄보디아·샴·자카르타 등과의 교역은 정성공 시기에는 증가 추세를 보이지만 특별히 눈에 띄는 정도는 아니다.

이 과정을 나가사키 무역의 측면에서 살펴보면, 이른바 쇄국이라는 상황 속에서도 중국과의 무역에 관해서는 특별히 큰 정책 변경은 존재하지 않았던 것을 알 수 있다. 오히려 중국 측의 사정으로 내항 수가 변동된 점을 지적할 수 있으며, 1689년원록 2 이후 내항 당선을 1년에 70척으로 제한한다는 정책 역시 내항 수에서 보는 한 반드시 절대적인 것은 아니라 할 수 있다. 이 점은 동남아시아 지역으로부터의 당선은 중국 본토 연안으로부터의 당선과 기본적으로는 구별할 수 없는 것으로, 사실 양쪽을 합했을 때 연간 70척 이하라는 제한도 명목적인 것이라는 사실을 이해할 수 있다.

조선으로부터의 표류민

한반도는 그 주위의 지형에서 보면 주변의 연해 교역이 극히 활발했다는 사실을 예상할 수 있지만, 지금까지의 연구는 국내 상인 및 조공 무역에 관한 테마에 초점이 맞추어져 온 측면이 강하다.

그렇지만 연해 교역은 실제로 산둥반도 및 규슈지방과 정기적으로 행해졌는데 그것이 관허 교역이 아니라는 점에서 자료상에 나타나지 않았다. 이러한 사정이 아마도 민간의 연해교역에 대한 적극적인 평가나 연구가 행해지지 않았던 이유의 하나가 아닐까. 이에 더해서 한국사 연구가 국가나 중앙에 관한 연구에 집중되어 있었던 점도 배경적 원인이 되고 있다고 생각된다.

1983년 서울대학교 규장각에서 『표인령래등록漂人領來謄錄』 전8권이 발행됨에 따라 이 연해 교역의 존재가 밝혀진 것과 동시에, 그것이 표류의 카테고리로 분류되어 있었던 사실을 알게 되었다. 이것은 다음과 같은 흥미로운 사태를 이야기해 주고 있다. 즉, 규슈의 헤이씨平氏나 다치바나씨橘氏와의 교역이 행해지고 있었으나, 그것이 정기적 교역이었음에도 불구하고 표류로 분류된 것이다. 앞으로 한반도의 연해 교역은 이른바 왜구시대까지 거슬러 올라가서 재검토함으로써 연해 교역에서 조선 상인의 중국, 규슈, 류큐로 향한, 이른바 외부로 확장되는 교역 네트워크를 규명하는 것이 가능해진다고 생각할 수 있다.

인조 19년1641년 신사 12월 13일

경상도 감사는 다음과 같이 보고하였다. 이전 9월에 고성 사람이 동래에 수납輸納하기 위해 배로 왕래했으나, 갑작스러운 광풍으로 표류하여 일본에 도착하였다. 이 건에 대해서는 변신邊臣의 예조가 이미 기밀 정보를 수집하여 상주했는데, 본래 이 일은 태풍과 파랑 탓에 배를 제어할 수 없어 표류하였다는 것이었다. 그러나 최근 해변의 간민奸民이 매매를 행하려는 속셈으로 표류를 구실로 타국日本에 전입하고 있다. 이 풍조의 위해는 예방하지 않으면 안 되며, 고성의 선인船人 금산의 구화仇化 등이 나온다면 얼른 좌수사에 명령하여 해변에 구류시켜 봉초하고 질책한 후, 본 현에 환송시키는 것이 어떠실까 합니다.[2]

표류에 관한 자료는 다음과 같이 말하고 있다.

(1) 우선 표류를 핑계로 표류민을 송환할 때, 교역품을 적재하여 교역을 행하는 사례가 보인다. 그리고 이 경우에는 일종의 은사품이라는 형식을 취하고 있는 점이 특징이다.

(2) 다음으로, 표류로 보이게 한 뒤 사실상의 교역이 행해지는 경우이다. 이 경우에는 조공 교역 이외는 금지된다는 사실을 전제로 하는 동시에 실제로 표류가 발생하는 기회를 기다리는 것이 아니라, 사실상 정기 교역을 행하고 있는 점이 특징이다.

(3) 게다가 일종의 정기교역이라는 점에서 (2)의 경우와 동일하지만, 여기서는 교역 상대나 교역품이 일정하며, 가격이나 시장이 전제가 되는 등 '정기표류교역'이라고 부를 수 있는 상태가 나타나고 있다. 여기서는 조공무역과는 다른 지방적 정기 무역이 행해지고 있

---

2 『漂人領來謄錄』第1冊.

는 것을 볼 수 있다. 조공무역의 역사적 이해에 대해서도 실제로는 이러한 지방적 무역의 이익을 유지하기 위하여, 이념이나 제도가 만들어졌다고 간주할 수도 있다.

지금까지 조일무역이 조공 관계의 일환으로 기술되어 온 공식적 관계에서도, 표류를 배경으로 한 민간 또는 반관반민의 지방적 교역이야말로 중요했다고 할 수 있을 것이다.

마조 신앙권과 '사람'의 이동

'사람'의 이동권이나 이민권은 기록에 나타나는 경우가 적은 '표류권'이기도 했다. 이 표류권은 시간이 지남에 따라 각지·각국에 관한 지식이 축적되어 의도한 표류권이 형성되어갔다는 경위를 가진다. 그 결과 이 표류권의 윤곽을 명확히 하는 것을 통해서, '사람'의 이동 범위·방향·동기·내용 등을 추적하는 것이 가능해졌다.

한편 앞서 기술한 종류의 기록과는 전혀 다른 역사적 자료를 통해 동아시아에서 '사람'의 이동 범위를 추적하는 방법이 존재한다. 그것은 마조 신앙권 혹은 천비천후 혹은 천상성모 신앙권이라고 불리는데, 해신인 마조를 받든 사당의 위치를 파악해 가면서 '사람'의 이동 범위를 이해하려고 하는 시도이다.

마조신앙은 푸젠성 푸텐에 그 기원을 두고 있다. 이후 푸젠 남부·대만으로 퍼졌고, 나아가 이민에 동반하여 내륙부, 동남아시아, 그 외 지역으로 퍼졌다. 마조는 한 민간인이 신이 된 경우이다. 송나라 960

년건륭 원년에 푸톈 메이저우에서 태어난 린林씨의 딸이 27살로 세상을 떠나기까지의 시간 동안, 나중에 그녀를 신으로서 숭배하게 되는 많은 전설과 사건이 발생했다. 예를 들면, 의술이 뛰어나서 사람의 병을 치료하거나, 바다의 상태를 잘 알고 있어 해난으로부터 사람을 구한다거나, 날씨를 예지하여 항해를 지시한 경우 등이었다. 그 때문에 여신 혹은 용녀로 불리기 시작했고, 특히 해난이나 해적을 만난 상선과 어선을 구한 사건으로 마조·낭조娘祖라 불리며 해신으로서 받들어졌다.

그 후 역대 황제는 그녀에게 때때로 사봉賜封을 하사하여 천인·천비·천후·천상성모天上聖母라 칭하였다. 그 결과 관에서도 공식적으로 천후 사당을 섬김으로써 항해의 안전을 기원하였다.

1718년강희 57 류큐국왕의 책봉사였던 한림원의 해보海宝와 서보광徐葆光은 예부에게 다음과 같이 상주하였다.

우리들은 황제의 명을 받들어 류큐국왕을 책봉하고 해상을 왕래하고 있다. 병사 및 수행원 수백 명은 한 사람도 빠짐없이 무사하다. 어느 날, 악천후를 만나 해신인 천비께 기도를 올려 신의 가호를 받았다. 날씨는 지금까지보다 안정되었다. 일찍이 대만을 평정했을 때부터 천비의 가호를 자주 입은 바, 황제의 어력에 감사한다(臣等奉旨冊封琉球國王, 往返海道, 闔船官兵以及從役數百人無一虧損, 皆得安歸. 其中往返之時, 風少不順. 臣等祈禱天妃, 卽護安吉. 自前平定臺灣之時, 天妃顯靈効順, 已蒙皇上加封致祭).

여기에서 확인할 수 있듯이, 관에 있어 해신은 천비로서 모셔지고 있으며 바다를 진정시켜 통치를 강화하는 효과를 발휘하고 있다.

다만, 여기에서 나타난 관측의 천비 기도와 가봉加封 역시, 그 배경에는 민간의 해신 신앙이 존재하고 있었다. 어선이나 상선은 중요한 항구나 연안 도시에 마조 사당을 세워 마조를 섬기며, 항해의 안전을 기원하였다.

현재 동아시아에서 동남아시아로 확산된 마조 사당이 존재하는 장소를 추적해 보면 다음과 같다.

(1) 중국 연안 지방(산둥반도·광둥·홍콩)

(2) 대만 각지

(3) 동남아시아 각지(정화의 원정에 따른 기항지)

(4) 류큐

(5) 일본(사쓰마 지방·나가사키·미토·이바라키현 이소하마·이바라키현 이소하라·시모키타 지방)

이처럼 마조신앙이 전파되고 있다는 사실은 그곳에 해신을 받들려고 하는 동기가 존재하고 있었다는 것을 의미한다. 즉, 어민·해상海商은 기본적으로는 언제나 지역에서도 바다의 안전자연재해나 해적을 피함을 기원하며, 마조에 한정하지 않고 각 지역이 각자의 해신을 모시고 있었다. 그리고 그곳에 마조도 수용되었다고 볼 수 있다. 따라서 마조 신앙권은 한편으로는 연해 어민이나 해상의 이동권을 나타냄과 동시에, 다른 한편으로는 민난 중국인閩南華人의 이민권 또한 나타내고 있다.

동아시아 지역으로의 새로운 관점

의도된 표류와 동아시아로부터 동남아시아에 걸쳐 점재하는 마조 사당이나 천후 사당은 '사람'의 이동에 대한 단적인 표출이었다. 그리고 표류를 추적함으로써 윤곽이 드러나는 '표류권'과 마조 사당이 분포하는 범위에 의해, 윤곽을 잡을 수 있는 '마조 신앙권'은 동아시아 및 동남아시아에 있어서 '사람'이 이동하는 외연을 형성하고 있었다.

지역 연구라는 각도에서 이러한 '역권'을 볼 때, 지역의 윤곽은 해양권으로도 형성되었음이 규명될 것이고, 해양권의 시각을 통해 그 주변에 위치하는 '나라'나 '지역', '교역장'을 특징짓는 것이 가능해진다.

이렇게 해서 '사람'의 이동이 만들어낸 상호교류와 상호긴장은 도쿠가와 막부의 대외정책상 감춰진 결정요인이 되었다는 점에서 동아시아 지역사 연구의 하나의 방향성을 시사하고 있는 것은 아닐까.

동시에 이것은 훌륭한 현대적인 테마가 되고 있다는 사실에도 주목할 필요가 있다.

1997년 7월 1일 홍콩이 영국의 손에서 중국으로 반환되었다. 즉, 1842년 난징조약에 따른 할양으로부터 155년 만에 중국이 홍콩의 주권을 회복하였다고도 말할 수 있다. 게다가 중국은 앞으로 50년간 홍콩의 현 제도를 유지한다고 보증하여, 이른바 새로운 1국 2제도가 개시되었다고도 할 수 있다.

이와 같은 홍콩의 전환기를 둘러싼 각자의 표현이 가지는 함의는 다르다. 특히 현재 이미 문제가 되고 있는 금융시장의 장래에 관계된 영국·중국·홍콩 삼자 간의 생각의 차이는 다름 아닌 장래 홍콩의 경제발전에 대한 전망 차이나 관여 방식의 차이를 시사하고 있다.

그러나 이와 같은 어떠한 상황 속에서도 틀림없이 발생하는 현상이 있다. 그것은 화남부에서 홍콩으로의 '사람'의 이동이다. 그리고 선전·홍콩에서는 이것을 흡수하는 것이 불가능하며, 해외로의 이동·이민이 개시될 것이 강하게 예상된다. 방향은 대만·동남아시아·오키나와·일본 각 방면이다.

현대 이 지역의 이민은 베트남·캄보디아로부터는 난민이라는 명목이며, 또 홍콩으로부터는 북아메리카·오스트레일리아를 중심으로 한 경제이민·정치이민이다. 다만 이들은 UN 혹은 홍콩정청 및 이민처 정부 사이에서 조직적으로 제도화된 이민이라 간주할 수 있을 것이다. 그러나 가까운 미래에 확실하게 발생하리라 예상되는 이민의 물결은 규모적 측면과 명목적 측면에서 모두 현재와는 비교가 되지 않을 정도로 대규모이며 다양할 것이다. 그리고 그 물결은 조직화된 것은 아닐 것이다. 그 결과 역사의 아이러니이지만, 가장 영향을 받는 장소는 조직화된 난민·이민에 대해 멀리 거리를 두고 경제발전을 이룩해 온 일본일 것이라 생각된다.

돌이켜 보면 일본에 대한 이민의 흐름이 대처능력을 넘어서서 발생한 것은 명청교체기였던 17세기 초엽부터라고 상정해 보면, 약 400년 만의 일이 된다. 그러나 일찍이 에도시대 초기에 그러한 이민 압력을 경계하여, 표류민은 조공 관계의 네트워크를 이용해 계속적으로 반환해왔다. 즉, '쇄국' 정책을 다시 채용하는 것이 가능할지는 대단히 의문스러운 부분이다. 왜냐하면, 첫 번째 이유는 대규모 이민

의 흐름이 과연 '쇄국'이라는 제한만으로 멈출 수 있을까라는 생각에
서이며, 두 번째 이유는 국제관계적 측면에서 볼 때 경제력을 가진
일본이 '쇄국'을 계속해서 주장하는 것이 가능할지의 여부이다.

결국 어떠한 선택을 하든 안과 밖을 확연히 나눌 것인가, 혹은 민
족과 국가를 동일화시키는 민족국가의 건설이 아니라 오히려 '내부'
의 다민족에 대한 시야를 어떻게 가질 것인가 하는 것이 문제시되고
있다. '사람'의 이동을 둘러싼 동아시아 지역사를 재검토하는 관점이
현재 그 어느 때보다 강하게 요구되고 있는 이유이다.

류큐·오키나와를 그려낸 많은 자료를 동시대적 시야의 관점에서
서로 대화시키고, 그것을 변동하는 현대 아시아를 논의하기 위한 역
사 모델로서 조탁해 나가는 것, 이것이 새로운 아시아 자료학의 과제
이다.

제5장
국가를 뛰어넘는 류큐 · 오키나와 모델

오키나와 연구의 시점

　오키나와 연구를 중심으로 하면서도 보다 폭넓게 아시아의 정치·경제·사회·문화의 변화와 오키나와의 이민·이동문제를 생각할 경우, 어떠한 과제가 존재할까. 그리고 또 그러한 연구 방법은 그 테마에 적합한 고유의 방법론이 존재하는 것일까. 예를 들면, 아시아론 혹은 아시아 연구의 경우, 일반적으로는 그것을 바로 각국별로 분할하여 아시아라는 지리적인 공간 속에 있는 나라를 각각 검토하는 경우가 많다. 그리고 그것을 가산해 가면 아시아가 된다는 방식, 분석 방법, 혹은 아시아론 모델이 지금까지는 주요한 방법이었다고 생각된다.

　오키나와 연구 역시 이것과 닮아, 개별 지역에 혹은 오키나와현이라는 지방행정 레벨에 오키나와 연구가 존재하고, 그것들은 일본 연구의 일부분으로서 일본에 직결되어 있다고 해도 과언이 아니다.

그러나 시도해 봐야 하는 오키나와 연구의 시각이나 문제의 단면은 가령 오키나와사로서 문제를 제기했을 때, 그 배경에는 류큐사·오키나와 세계로서 역사적인 무언가의 형태의 하나로 독자적인 '정리'와 '관계'가 존재한다. 게다가 그것에는 '정리'의 강약도 시대나 내용에 따라 다양하고, '관계'도 하나가 아니라 몇 개의 관계로 구별되는 경우도 있을 수 있다. 또한 여러 문제군의 상호 관계에 따라, 그 문제군의 성격이 달라지는 경우도 있을 수 있다. 그러나 적어도 류큐라는 지역 세계를 생각해 본다거나 혹은 오키나와라는 지역 세계를 생각했을 때, 그곳이 상대적으로 독자적인 하나의 문제군으로서의 정치적·경제적·사회적·문화적 측면, 그리고 종합적인 움직임을 나타냈는지에 대한 부분에 주요 초점을 맞추고자 한다.

국민국가와 광역지역
— 국민국가의 역사성·국가를 뛰어넘는 광역지역의 시점

1999년 2월부터 화려하게 유로가 등장했지만, 그 배경을 어떠한 레벨에서 파악할 것인가 하는 것이 문제시되고 있다. 지금까지의 유럽은 아무래도 영국, 독일, 프랑스, 이탈리아라는 형태로, 각국별로 종적관계를 유지해 왔으며 그들의 총화로서 유럽이 구상되어 왔다고 생각된다. 이는 한 측면에서는 극히 자연스러운 접근이라고 할 수 있다. 왜냐하면, 18세기 이후 이른바 근대국가의 형성과정은 주권국가 아래서 국민경제라는 통합을 만들었고, 그 아래에 통일적인 통화권이 주권국가에 부수하는 것으로 논의되었다. 따라서 경제의 주요한 도구가 계속 국민국가라는 틀 속에서 기능하며 자리매김되어 왔기 때문에 유럽은 각국의 총화가 되었다. 그리고 압도적으로 많은 경제활동은 국민경제 모델이 되었으며, GNP나 GDP라는 개인의 소득역시도 국민경제의 틀 속에서 논의되어 왔다.

1999년에 EU가 형성된 이후 통일 통화가 추구되었다는 사태를 생각해 보면, 물론 아직 참가하지 않은 나라가 있다는 점에서 역시유럽은 국민경제나 국가가 중요하다는 측면을 강조하는 것도 가능하다. 그러나 조금 더 긴 역사적인 시간을 살펴볼 때, 유럽 전역에 걸쳐왕권이 움직이고 있었던 것에 주목하고 싶다. 즉, 유럽 지역은 지금까지의 국가나 민족에 의해 분리된 종적 관계가 아니며, 오히려 왕권의 상호 관계는 중세까지 거슬러 올라가서 역사적으로 복잡하게 얽혀 있는 형태라는 사실을 알 수 있다.

기독교 문제를 생각해 봐도 가톨릭, 프로테스탄트로 크게 구별되어 있다. 막스 베버가 논의한 것처럼 프로테스탄티즘과 자본주의라는 형태로 종교혁명이 가지는 경제활동으로의 동기 부여에 관한 논의도 반드시 국가별로 분해되는 문제가 아니라, 오히려 유럽 지역의기독교 확대 속에서 논의되어 왔다. 그리고 또 거기서부터 자본주의의 형성을 논의하는 경우 역시도, 그러한 유럽사의 배경에 의해 조건이 규정되었다. 따라서 그 문제군의 레벨, 현재 새로이 국가를 넘어선 문제군 레벨의 시점으로 광역지역의 경제를 생각한다는 시도로서아시아 경제나 유럽 경제가 새롭게 등장했고, 특히 아시아 경제를 어떻게 생각할 것인가 하는 문제가 대단히 중요해졌다고 생각한다.

아시아에서는 특히 1997년 7월부터 태국·바트 폭락 이후, 아시아 경제와 아시아 금융위기가 문제시되었을 때, 통화로서 혹은 금융으로서 각국별로, 예를 들면 태국 바트의 경우에는 태국 정부의 금융정책·통화정책이 문제가 되었고, 인도네시아는 인도네시아대로 문제가 되었으며, 한국은 한국대로 문제가 되었다. 그러나 그것을 '아시아'의 금융위기라는 형태로 말할 때의 아시아란, 그들 각국의 총화로 괜찮은가 하는 것이 문제가 될 것이다. 물론 한 측면에서는 각국 경제사의 축적이 아시아 경제 혹은 그 광역지역의 경제사가 된다는 사실도 내부 요소로서는 중요하지만, 이번에는 아시아 규모의 문제를 어떠한 시야로 논의할 것인가 하는 시도가 필요할 것이다. 게다가 다른 한편으로 일본이라는 문제로 거슬러 올라가서 생각했을 때, 한층 더 이 문제에 대한 접근이 중요하다고 판단된다.

일본은 이른바 메이지 이후의 국가형성 과정에서 역시 아시아를 시장의 중요한 부분으로 삼았지만, 정책적으로는 유럽의 국제관계 이념을 도입하게 된다. 어쩌면 유럽의 기계기술 측면에서 유럽과의 관계를 상당히 강하게 유지해갔다고도 볼 수 있다. 일본은 어떤 의미에서는 아시아이면서 동시에 아시아가 아니었다는 논의도 존재한다. 그러한 점에서 말하자면, 국민경제를 주체로 한 경제사 활동이 중요한 위치를 점했다는 사실은 결코 오래된 것이 아니고, 최근 수십 년간의 특징인 것이다.

지구화와 지방화 속의 오키나와 연구

─경제발전 모델과 지역관계 모델

경제사 연구에는 국민경제의 형성과 그곳의 산업 발전, 공업화, 혹은 산업혁명으로 이끄는 경제사의 문맥이 존재한다. 그러나 이 생산을 중심으로 한 경제에서 과연 현재의 문제를 파악할 수 있을까 하는 것이 대단히 절실한 과제가 되어 왔다. 특히 1997년부터의 아시아 금융위기는 금융의 국제화, 이른바 글로벌라이제이션globalization이나 지구화 혹은 지구사회화라는 방향으로 진행되는 과정 속에서 일어났다는 점에서 대단히 큰 의미가 있었다. 거기에는 다시금 아시아경제라는 문제의 확장과 문제군을 어떻게 생각할지가 문제시되었다.

동시에 확실히 국민경제를 단위로 한 경제라는 논의의 틀은, 예를 들면 홍콩 또는 싱가포르라는 문제를 생각해 보면, 그들의 지역간 관계 속에서의 역할은 결코 단순히 다른 국가와 동등하게 생각되지 않는다. 오히려 다른 지역이나 국가의 금융적 중개를 하는 역할, 혹은 중계기지로서의 역할을 하며 지역간 관계를 연결하는 고유한 지역으로서 존재하고 있다고 할 수 있다. 그러한 점에서 '아시아 경제' 등 '아시아'라는 고유명사가 들어가기 전에, 그 전제로서 크고 작은 다양한 의미에서 지역경제의 통합 방법에 따라 어떠한 문제가 부상하게 될 것인가. 여기에는 큰 요소로서 국민경제라는 단위가 있기는 하지만, 돈이나 물자가 움직이는 것뿐만 아니라 사람도 움직이는 지역이다. 이 지역을 시대에 따라서 다르게 재편성을 해 보고 혹은 그러한 조합을 해 본다는 형태로, 이른바 국민국가의 틀만으로 경제를 보는 것이 아니라 말하자면 그것을 넘어선 지역으로도 구상하고, 거기서 그 속의 이른바 작은 지역들이 서로를 연결하는 문제에 대해서도 생각해 볼 필요가 있을 것이다.

이처럼 글로벌라이제이션과 로컬라이제이션 양쪽으로의 분기라는 문제, 즉 지금까지의 국가의 부분이 변화하고 있다는 점에서 현재 다시금 아시아를 어떻게 생각할 것인가 하는 과제가 부상하고 있다고 생각된다.

류큐 · 오키나와 연구의 역사적 배경

이러한 상황에서 역사적으로 생각하면, 커다란 지역경제 속에서 아시아의 이른바 상호간의 무역관계, 특히 18세기까지의 중국의 압도적인 경제력은 명조 · 청조의 시기의 대외관계, 특히 아시아 지역 내의 교역관계를 대단히 강화해가는 형태로 나타났다. 그것은 다양한 요인, 예를 들면 이민이나 상업활동, 그리고 송금 등이 이루어지면서 완성되어 갔다. 지금까지 육지의 농업을 중심으로 했던 농본주의에서 사회의 발전을 전망하기 위해 국가와 국민경제를 중심으로 하는 사고방식이었다.

일본에서는 에도시대 300년간의 대외적인 관계에 대해서, 일본으로부터 밖으로 나갈 수 없다는 쇄국정책을 취하고 대외적으로는 나가사키에 한정하여 그곳 무역을 중앙이 독점하는 형태의 중상주의 정책이 취해져 왔다고 지금까지 인식되어 왔다. 그러나 최근의 연구에서는 에도시대의 일본에도 네 개의 루트가 존재했다는 사실이 밝혀졌다. 먼저, 마쓰마에번과 아이누와의 교섭, 이른바 동북아시아와의 연결이라는 출구가 하나 존재한다. 다음으로 쓰시마가 규슈와 조선의 중계를 행하고 있었다. 이것은 조선으로의 출구였다. 다음 출구는 나가사키였다. 나가사키와 마카오 사이에서 포르투갈 상인에 의한 일본 은과 중국 생사의 교역 관계가 있었다. 네 번째 출구는 사쓰마에 의한 류큐를 사이에 둔 중국과의 무역이다. 대체로 조공무역이라는 하나의 역내 경제관계의 질서가 기능하고 있었고, 광역지역의 정리 속에서 일본 역시도 행동하고 있었다는 사실이 논의되기 시작했다.

그와 동시에 그러한 광역 경제는, 예를 들면 화교상인이나 인교상인, 또는 무슬림 상인들의 활동 범위와 겹쳐 있었고, 광역의 장거리 교역을 행한 상인 그룹에 의해 유지되고 있었다. 특히 동아시아의 경우에는 이민 혹은 장거리 교역의 문제가 논의되기 시작했다. 이와 같이 조공무역의 담당자부터 시작해서 이민경제에 이르기까지 대단히 폭넓게 문제시되고 있고, 따라서 광역지역의 경제질서를 생각할 때, 하나의 역사적인 원인으로서의 조공무역관계와 그 담당자로서의 조공국과 거기서 무역상인의 역할이 또 다시 새롭게 논의되기 시작했다고도 할 수 있을 것이다.

근대, 이른바 19세기 이후 경제사의 경우에는 이민은 오히려 노동력의 문제, 즉 노동 이동의 문제로서 원정 돈벌이를 위한 이민이나 계약이민이라는 형태로 주로 검토되었다. 그 이전에는 역시 상업활동으로서, 화인자본이 실제로는 대단히 큰 역할을 담당하고 있었던 사실을 조공국 측에서 말할 수 있다. 예를 들면, 류큐를 떠올려봐도 푸젠으로부터의 상인이 조공무역을 담당하고 있었고, 일본의 나가사키도 역시 당선이라는 중국으로부터의 상인이 나가사키 무역의 큰 부분을 담당하고 있었다. 게다가 동남아시아에서도, 예를 들면 샴의 조공무역은 역시 광둥성 차오저우曹州로부터의 중국 상인이 담당하고 있었다. 이처럼 이른바 더욱 넓은 유통을 담당한 화교상인의 네트워크가 기능하고 있다고 볼 수 있다. 류큐·오키나와의 문맥 역시 이러한 상업 네트워크·이민 네트워크와 밀접하게 연결되어 있었다.

이민 네트워크

화이질서라는 지역간 관계 속에서는 그 담당자로서 다양한 상인 그룹이 존재하고 있다. 그 상인 그룹은 이민이라는 형태로 노동이동을 조직했다. 특히 19세기에 접어들어 구미에서 흑인노동 혹은 노예무역이 폐지됨에 따라 아시아의 노동력에 대한 수요가 높아졌는데, 당시 노동력 부족을 보완하기 위하여 인도, 중국 또는 일본의 노동력이 식민지의 모노컬처에 참가하기 시작했다. 설탕 플렌테이션 혹은 광산·철도개발 등이다. 이 노동 이동의 측면에서도 넓은 지역의 경제적·사회적 관계를 볼 수 있다. 광역지역, 혹은 아시아라는 지역을 생각할 때, 19세기까지는 말하자면 유라시아 대륙의 동남부와 그 주변의 해역을 중심으로 한 조공 관계가 보였다. 19세기 중엽 이후 아시아에 있어서 유럽과의 관계는 제국 혹은 식민지라는 문맥 속에서

아시아의 특정 부분이 편입되었고, 광역경제의 원리가 그 안에 또 다시 도입되었다.

이러한 움직임은 20세기 중엽, 제2차 세계대전까지 계속되었는데, 거기에는 일본도 그 움직임 속에 가담한다는 과정이 있었다. 그것이 일본의 아시아 정책으로서 추진되었고, 오키나와도 그 움직임 속에 있었다고 할 수 있다.

오키나와는 이민사회이다. 지금까지 이민은 경제적 빈곤함이 노동 이민을 배출하는 동기로 인식되어 왔는데 그러한 인식의 전제로서 이민을 가능하게 한 조건인 사회적 관계를 문제삼지 않으면 안 된다. 즉, 혈연이나 지연에 따른 강한 유대가 필요했다는 것이다.

오키나와의 이민 통계는 메이지기 후반에 정책이민이 개시됨에 따라 집계되기 시작했는데, 이를 거슬러 올라가면 아주 오래전부터 조공무역·연해어업·표류 등에 의해 이민 자체는 메이지기 이전부터 시행되고 있었다고 볼 수 있다.

먼저 오키나와로부터 이민의 전체상을 보면, 오키나와는 일본의 현 중에서 최대의 이민 배출지이며, 동남아시아·남미가 많음을 알 수 있다(〈그림 14~15〉참조).

〈표 4〉에 나타나 있는 것처럼 이민은 오키나와에서도 더욱 지역적으로 특화된 형태로 배출되고 있는 것을 알 수 있다. 또한 그들의 본국 송금이 전전戰前에는 상당한 정도로 중요성을 갖고 있었다는 것을 이해할 수 있다. 본토로의 이민도 많다. 특히 오사카 지구를 중심으로 해서 오키나와 출신자의 집중 현상이 확인된다. 오키나와 이민에서 외국과 본토는 크게 구별되지 않았다고 판단된다.

〈표 4〉 1935년 오키나와 주요 정촌(町村)별 행선지 국가별 외국 재주자수

순위	정촌명	국세조사인구 (1935.10.1) (A)	외국 재주 자수 (B)	외국재주자 비율 (B/Ax100) (%)	1위		2위		3위	
					국가명	재주 자수	국가명	재주 자수	국가명	재주 자수
1	나카구스쿠무라 (中城村)	17,820	4,095	22.98	하와이	1,574	페루	844	브라질	718
2	하네지무라 (羽地村)	11,251	3,251	28.90	브라질	1,775	하와이	713	페루	465
3	니시하라촌 (西原村)	10,427	2,502	24.00	브라질	852	하와이	834	페루	643
4	구사카와손 (具志川村)	17,064	1,968	11.53	하와이	801	페루	601	브라질	355
5	모토부무라 (本部村)	21,963	1,964	8.94	페루	747	브라질	403	필리핀	343
6	긴초무라 (金武村)	8,143	1,937	23.79	하와이	881	필리핀	694	미국 본국	120
7	오자토무라 (大里村)	13,607	1,828	13.43	브라질	481	페루	459	하와이	441
8	미사토무라 (美里村)	16,653	1,757	10.55	하와이	758	페루	393	그 외	189
9	가쓰렌무라 (勝連村)	8,156	1,678	20.57	하와이	423	브라질	358	미국 본국	324
10	오로쿠무라 (小禄村)	10,850	1,613	14.87	하와이	632	필리핀	491	브라질	279

출처 : 沖繩縣, 「外國在住者調」(1935년 12월 말 현재, 石川友紀 작성)

오키나와현의 외국 이민 개시는 1899년메이지 32이었다. 이후 3년간 송출이 중단되었다가 1903년메이지 36에 재개되었다. 이 두 해의 이민자 수는 첫해가 27명, 2회에는 96명외무성 자료 45명이었다. 그러나 이민 송출 3회에 해당하는 1904년메이지 37에는 800명을 넘었고, 특히 1906년메이지 39에는 4,670명이라는 최고치에 가까운 수를 기록하였다. 그러다가 1909년메이지 42에는 200명대로 급감하게 된다.

다이쇼기에 접어들어 1912년메이지 45, 다이쇼 원년에는 2,000명을 돌파하지만 이후 3, 4년간 감소하였고, 3,000명대를 보인 것은 1917년다이쇼6부터이다. 이후 증가 추세를 나타내어 1922년다이쇼 11을 제외하고는 1,000, 2,000, 3,000명대를 기록하였다. 가장 많았던 시기는 1929년쇼와 4의 4,004명외무성자료 4,942명이다.

오키나와현에서 이동한 이민수의 전국 비율은 첫해인 1899년메이지 32에는 0.1%, 2회째인 1903년메이지 36에는 0.7외무성자료 0.3%였으나, 3회째 송출이 있었던 1904년메이지 37에는 전국 비율 5.8외무성자료 5.7%를 기록했고, 다음해부터는 10%를 넘게 되었다. 이후의 연차별 추이를 살펴보면, 10% 이하의 경우도 있지만 10% 이상을 기록한 경우가 많다. 또한 20%를 넘은 해로는 1925년다이쇼 14 · 1936년쇼와 11 · 1937년쇼와 12 · 1938년쇼와 13을 들 수 있다. 대체로 오키나와현에서 이동한 이민수의 전국 비율은 10% 이상을 유지하고 있었다.

오키나와 이민의 지역적 특색

오키나와로부터의 이민의 특징은 전국적인 움직임 속에서 보아도, 메이지 이후는 국책적인 이민정책과 밀접하게 관계되어 있었다. 그러나 동시에 오키나와만의 이민의 특징 또한 확인된다. 예를 들면, 이민 초기 민권운동과 해외이민이 결착되어 있었던 점이다.

와쿠카와 세이에이湧川清栄는 다음과 같이 기술하고 있다.

빈곤사족구제를 위한 개간 허가를 둘러싸고 나라하라奈良原 지사와 대립하고 있던 자하나 노보루謝花昇는 1898년메이지 31에 사직을 하고, 다음 해인 1899년메이지 32에 오키나와클럽을 결성하여 기관지『오키나와시론』을 발간하는 등 지사와의 대립을 한층 더 강화시켜 나갔다. 한편 오키나와클럽의 운동에 대해서 관헌에 의한 간섭 역시 빈번히 발생하였다. 오키나와가 이러한 상황에 처해 있었을 때, 자하나 노보루와 함께 운동을 하던 도야마 규조씁山ㅈ三는 이민사업 분야로 진출하였다.

메이지 31년 이후 각지에서 기근이 들어 농촌이 궁지에 빠졌다. 게다가 금융이 핍박해져 슈리구에서는 구세 미납자가 속출하는 상태였다. 이처럼 경제적으로 급속히 빈곤해지는 상황 속에서 현 내외로의 원정 돈벌이나 해외로의 이민이 추진되었다. (…중략…) 오키나와현으로부터 최초의 이민 송출이 있었던 메이지 32년, 다른 부와 현에서는 이미 많은 이민이 하와이 등으로 도항하고 있었다. 오키나와현으로부터의 이민이 늦은 것 역시 오키나와가 다른 현과 동일한 제도에 놓여있지 않았다는 방증이며 게다가 말이나 풍속, 그리고 생활 습관 등으로 망설이고 있었기 때문일 것이다. 또한 이민사업을 전문적으로 하는 사람이 없었기 때문에 새삼스럽게 문제가 되지 않았던 것일지도 모른다.

도야마 규조는 이전부터 머릿속에서 구상하고 있던 이민 송출에 착수하게 되었다. 이에 앞서 그는 구마모토 이민회사와 연락을 취하여, 오키나와현 지사의 이민 송출 인가만 받아낼 수 있다면 이민회사로서는 언제라도 오키나와로부터의 이민에 응한다고 이야기가 되어 있다고 하였다. 이민회사와의 양해가 성립되었다고는 하나, 이민의 송출에는 지사의 인가가 필요했다. 도야마로서는 먼저 지사의 인가를 얻는 것이 가장 큰 일이었다. 도야

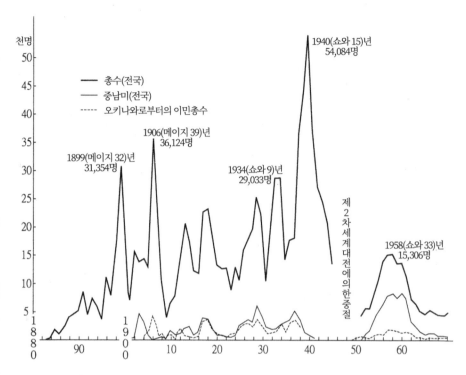

천명

50
45
40
35
30
25
20
15
10
5
1
8
8
0

1
9
0
0

━━ 총수(전국)
━━ 중남미(전국)
----- 오키나와로부터의 이민총수

1940(쇼와 15)년
54,084명

1906(메이지 39)년
36,124명

1899(메이지 32)년
31,354명

1934(쇼와 9)년
29,033명

제2차세계대전에의한중절

1958(쇼와 33)년
15,306명

90   10   20   30   40   50   60

〈그림 14〉연도별, 지역별, 해외 이주자수의 추이

출처 : 『わが国民の海外開発』(昭和46年, 外務省刊)

마 규조로부터 이민 인가의 요청을 받은 나라하라 지사는 민권운동에 대한
원한도 한몫하여 이를 일언지하에 일축했다고 전해진다. 또한 일본어를 모
르는 오키나와현 사람을 해외로 송출하는 것은 절대 있을 수 없으며, 적어
도 앞으로 10년 사이는 시기상조라는 것이 지사의 답변이었다고 한다.

도야마로서는 이민 송출에 관한 지사의 인가를 받아낼 수 없게 되면, 긴
시간 구상해 온 이민사업의 꿈도 사라지게 될 우려가 있었다.

도야마가 이민 송출의 인가 신청을 지사에게 보낸 사실을 안 관료들 중에
는 민권운동의 투사들을 이번 기회에 해외로 추방하고자 하는 자도 있었기

때문에, 도야마의 이민 송출을 뒤에서 지원사격하는 상황이었다. 또한 이후 상공대신이 된 당시의 현 참사관 다와라 마고이치^{俵孫一}도 도야마를 붙잡고, "이런 좁은 오키나와에서 혼자 천하에서 날뛰는 데도 한계가 있다. 보다 더 넓은 천하를 상대로 하여 힘껏 도약해 보는 것은 어떤가. 자네 상대로 알맞은 천지는 대양의 건너편에 얼마든지 있다"라며 해외행을 추천했다고 한다.[1]

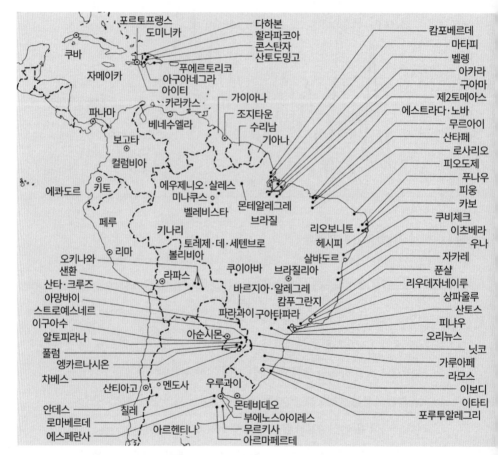

〈그림 15〉 오키나와로부터 남미로의 이주

1 湧川清榮,『沖縄民權の挫折と展開』, 1972, pp. 107~108.

여기에서 확인된 메이지기의 이민에 대한 동기부여의 하나로서 민권운동의 동향이 제시되고 있다는 점은 메이지기의 이민을 둘러싼 전국적 동향을 관찰하는 측면에서 중요한 논점을 제공하고 있다. 여기서는 국가를 통하지 않고 하나의 지역과 해외가 직접 연결된 움직임으로서, 그 동기부여에 주목하고자 한다.

또 오키나와에서의 외국 이민은 오키나와 본섬으로부터의 이민이 많았고, 〈그림 15〉에서 확인할 수 있듯이 남미로의 이민이 많은 점도 특징적이다.

네트워크의 여러 문제 – 교섭과정을 통해 본 네트워크

생산에 직결되지 않는 네트워크는 그것을 유지하려는 데에 최대 비용이 든다. 이것은 인적 혹은 다양한 소프트웨어도 포함하여 중요해지고 있다. 네트워크를 유지하는 사회 네트워크나 가족 네트워크는 그것을 유지하는 데 비중을 두고 있다. 그 결과 돈을 소비하는 것으로 발전하는 사회는 아니라는 특징을 가진다.

따라서 물자를 만들고 물자를 소비하는 재생산의 관계뿐만 아니라, 사회관계 혹은 오히려 흐름의 경제를 어떻게 볼 것인가 하는 시점, 전체적으로는 네트워킹의 시점에서 문제를 생각해보면, 지금까지와는 전혀 다른 방향이 보일 것이라 생각된다.

네트워크론 자체는 사회학이 가족생활의 연계를 뛰어넘어 확대된 가족이라는 사회 네트워크 속에 규정된 가족을 논의할 때에 사용한다.

네트워크라는 형태로 가족만큼의 동일 단위를 공유하고 있지 않지만, 유연한 형태로 사회적으로 연결되어 있다는 점을 구상하고 있다.

더욱이 네트워크 모델은 가족 그룹의 다양한 형태를 포함한 논의로도 전개되며 가족경영뿐만 아니라, 동향 그룹이라는 형태까지도 포함한 네트워크에 대한 논의가 중첩되어 네트워크의 이점이 부각되어 왔다.

오키나와현 이민의 특색에 대해서, 야나이하라 다다오矢內原忠雄가 1957년쇼와 32 1월 16일에 「세계 · 오키나와 · 류큐대학」이라는 제목으로, 류큐대학에서 진행한 강연을 보자.

이 · 식민문제를 조사하던 중에, 일본인의 해외 이민 문제는 오키나와의 문제를 모르고서는 이해할 수도 없고, 그 어떠한 방침도 세울 수 없다는 사실을 알게 되었습니다. 솔직히 말씀드리자면, 해외에 이주해 있는 오키나와 사람들의 장단점이 일본인의 장단점이라며 외국에서 여러 비평을 받았습니다. 오키나와에서 이주한 사람들의 장점은 일을 잘한다, 기후풍토의 조건에 대한 적응 능력이 매우 강하여 어떠한 기후풍토의 환경에 이주하더라도 농업, 수산업, 상업 등의 분야에 종사하며, 그곳을 자신의 세상으로 개척해 나가는 능력을 가지고 있다 등 일본인은 해외이민의 적성을 가지고 있다는 비평의 적잖은 부분이 오키나와인에 관해 말하는 것입니다. 오키나와인의 단점으로 이야기하는 것은, 지금은 어떤지 모르겠지만 제가 이 문제를 연구했을 당시에는 전쟁 전의 일입니다만, 솔직하게 말씀드리자면 너무나도 향토적인 단결심이 강해서 이주지 사회에 동화하거나 이주지에 녹아드는 기질이 적다는 것이었습니다. 그렇기 때문에 일본에서 이민 간 사람들은 동화능력이 없다거나 적다는 비평을 들었습니다. 따라서 남미와 북미에서도 이래저래 배척당하는 구실을 만들었습니다. 또한 이주지에 영주한다는 생각은 적고, 일해서 번 돈을 이주지 내에서의 생활 조건의 개선을위해 쓰는 일이 적으며, 고향으로 송금을 했습니다. 고향에 송금하는 주된목적이 무엇인가 하면, 고향에서 무덤을 완벽한 상태로 유지하고 훌륭한무덤을 만드는 것이었습니다. 무덤에 대해서 오키나와 사람들은 상당히 종교적이고 민족적인 자긍심을 가지고 있으며, 존경심을 가지고 있다는 사실은 충분히 알고 있습니다만, 돈을 사용하는 용도로서 더욱 생산적인 방법이 있진 않았을까요. 훌륭한 무덤을 만드는 것은 비생산적인 돈의 사용법입니다. 이러한 이유에서, 일본 이민은 해외로 나가 열심히, 그리고 매우 근면 성실하게 일하지만 모은 돈을 그곳 지역에서 거주하고 있는 자기 자신들의 생활 개선을 위해서는 별로 쓰지 않았습니다. 전혀 사용하지 않는 것은 아니지만, 주로 고향으로 송금했는데, 고향으로 송금한 돈의 사용처가고향의 경제, 산업이나 교육을 일으키는 것을 제일 중요하게 생각하기보다는 선조의 무덤을 훌륭히 장식하는 것을 중요하게 생각하고 있었습니다.그런 이유로, 향토적인 애착심이 너무 강하고 향토적 단결심 또한 너무 강해서 세계적인 세계시민으로서 동화된다고 하는 기질이 부족하다거나, 일본 이민은 동화능력이 없으며, 이주지에서 열심히 일하고 열악한 생활 환경을 참고 견디어, 돈을 모아서 고향에 보내 고향의 무덤을 멋지게 장식한다는 그런 이야기를 들었습니다.[2]

야나이하라의 논의에서 확인할 수 있듯이, 사회적 네트워크에 대

---

2   矢内原忠雄, 『矢内原忠雄全集』, 第23卷, 岩波書店, 1965, pp.367~369.

한 논의는 많게는 강한 결속으로 설명되어 왔다. 그러나 동시에 거기에는 네트워크가 내포하고 있는 배외성, 혹은 네트워크가 가지는 융통무애한 측면에서 오히려 네트워크의 폐쇄성이나 약점도 포함해서 논의되지 않으면 안 된다고 할 수 있다.

지금까지 네트워크라고 하면, 종적 네트워크나 횡적 네트워크, 또는 제도와 조직, 혹은 지연이나 혈연도 대부분 모두 네트워크라는 형태로 설명되고 있었다. 이것은 네트워크가 가지는 취약이나, 약점이라는 것을 충분히 설명할 수 없는 경우가 있다. 네트워크 논의를 조금 더 한정된 범위 내에서 깊이 고려하지 않으면 안 되는 부분이라고 할 수 있다. 그러나 야나이하라가 말하는 소극적인 일본인론은 오히려 적극적인 이민을 지탱하는 지역 아이덴티티나 가족 아이덴티티로서 새롭게 검토될 필요가 있다고 생각된다.

이민 송금 네트워크

아시아 금융시장의 중요한 요소로서 화교 송금이나 인교 송금의 흐름을 들 수 있다. 물론 화교 송금은 지역적 레벨에서는 이민지에서 이민국으로의 송금이라고 표현할 수 있는데, 이 레벨은 동남아시아에서 화남에 이르는 장거리에 걸쳐 있기 때문에 그 내실은 매우 다양하며 경로는 극히 복잡하다. 그곳에서는 선물상품 거래나 금 거래에 마치 현대 경제의 금융공학이 나타내는 금융파생상품 등과 같은 다양한 자금 운용의 형태가 존재하고, 그것들을 이른바 역사적·경험적으로 선취하고 있었다고도 할 수 있는 매우 다각적인 자금의 움직임을 따르고 있었다. 따라서 화교 송금은 근현대 아시아의 금융문제에 대해서 생각할 경우, 지극히 중요한 역사적인 경험을 나타내고 있다고 할 수 있다. 화교 송금의 방식은 어떠한 의미에서는 거래transaction의 각 단계별 이익 가능성을 더욱 확대해서, 이익 기회를 보다 다양화시키는 방향으로 진행되었다. 기업 경영에서 조직화를 지향함으로써 이익 전체를 확대하려는 시도에 대해, 화교 송금에 나타나는 경영 모델은 각 거래를 네트워크화해서 그것을 더욱 광범위하게 연결시키고, 이를 통해 이익 기회를 증대시키려 하는 경영 방식이라고 간주할 수 있다.

화교 송금에서 동남아시아의 A지점에서 화남의 B지점으로 송금할 때, 그 과정에 존재하는 다양한 단계, 다양한 송금 형태, 시간차를 이용한 거래, 다양한 상품시장의 활용, 다양한 경영 주체를 통한 금융 활동이 이루어지고 있다는 사실을 알 수 있다. 그러한 점에서 금융시장의 운영은 결코 단순히 생산시장의 상부에 속해 있는 것이 아니라, 그것을 이용하면서도 독자적인 논리와 구조를 통해 형성되어 있다. 오히려 생산구조나 상품시장을 규정하고 있는 주체로서 이러한 금융시장을 생각하지 않으면 안 될 것이다.

일반적으로 화교 송금을 둘러싼 금융시장의 구조 자체가 그곳에 일국적이며 또는 지역적으로 사용되고 있는 화폐 혹은 환전 등과 직결됨으로써, 지역적 레벨의 금융시장이 형성되고, 거기에 지방의 금융 상인이 대응하였다. 그리고 그 상위 레벨에 광역 지역의 금융시장이 존재하고, 거기에는 역사적인 인교 상인·화교 상인·이슬람 상인

등과 같이, 광역 상인이 관련된 금융시장이 대응하였다. 게다가 그 상위에 국제 금융시장이 형성되었다고 볼 수 있다. 그리고 각자가 통화 유통의 지역 한정성을 이용하고 그 확대나 연결을 시도하면서 이익 기회를 증대시키고 있었다.

이러한 사실은 네트워크는 비즈니스의 업종으로서는 금융이나 유통 분야에서 강력한 힘을 발휘하지만, 대량 생산을 위한 공장 경영이나 사회 조직이라는 측면에서는 적합하지 않다는 특징을 가지고 있음을 시사한다. 오키나와의 이민 송금 역시 이와 같은 특징을 가지고 있다고 할 수 있다.

오키나와로의 이민 송금

오키나와현의 해외 이민에 의한 송금액은 1912년의 83만여 엔부터 통계로 확인 가능하다. 이후 연차에 따라 다소 변천은 있지만, 1921년까지는 대체로 100만 엔 전후였다. 쇼와기에 접어들어 연차를 거듭하면서 증가하게 되고, 1933년에는 200만 엔을 넘었으며, 최고 송금액은 1937년의 356만 7,094엔이었다(⟨표 5⟩ 참조).

다음으로 송금이 200만 엔을 넘은 1933년쇼와8에는 해외 재류자 송금 조사가 있었기 때문에 ⟨표 6⟩을 토대로 더욱 상세하게 살펴보도록 하자.[3]

---

3 『沖繩縣史』 移民 pp.1~38.

<표 5> 오키나와현으로의 연차별 해외 이민 송금액(1900~40년)　　　　단위 : 円

연차	해외이민송금액	연차	해외이민송금액	연차	해외이민송금액
1900	480	1914	752,000	1928	1,861,295
1901	2,026	1915	883,066	1929	1,986,160
1902	2,088	1916	1,146,000	1930	1,572,815
1903	16,913	1917	794,000	1931	945,937
1904	38,539	1918	948,000	1932	1,671,962
1905	75,856	1919	1,026,000	1933	2,082,558
1906	269,556	1920	1,215,000	1934	2,416,749
1907	566,126	1921	927,979	1935	2,514,463
1908	675,147	1922	1,423,121	1936	2,894,501
1909	663,109	1923	861,028	1937	3,567,094
1910	721,161	1924	1,165,760	1938	1,856,884
1911	778,268	1925	1,684,835	1939	1,532,461
1912	833,000	1926	1,700,945	1940	2,459,809
1913	831,230	1927	1,442,531		

출처 : 『海外在留人員並在留者送金調』

　　오키나와현의 1933년도 송금방법별·송금인원·송금액 등을 살펴보면, 송금방법으로 가장 많이 이용된 것은 외국 우편 환전이며, 이어서 일본은행 환전, 외국은행 환전이 뒤를 따른다. 이처럼 은행 환전의 이용자도 비교적 많다고 할 수 있다. 송금액 면에서 가장 많은 것은 귀국자가 휴대한 것으로 90만여 엔이며, 1인당 평균 982엔 57전으로 집계되고 있다. 참고로, 외국 우편 환전에 의한 것이 41만여 엔으로, 이를 같은 방법으로 계산하면 1인당 평균 88엔 65전이 된다. 아래와 같이 1인 평균을 환산하면, 외국은행 환전이 97엔 87전, 일본은행 환전이 99엔 02전, 귀국자에 탁송하는 경우는 113엔 59전, 그 외가 157엔 58전으로 합계 1인 평균 173엔 23전이 된다.

　　이 결과는 외국에서 직접 송금하는 경우 1인 평균 100엔이며, 우

<표 6> 오키나와현에 있어 국가(지역)별 송금 방법별 송금액 및 재류자 수

연도 : 1933년 / 단위 : 円

국가(지역)	송금액					(B) 재류자 수 (명)	(C) 재류자 1인당 송금액 (A/B)
	(A) 총액	내역					
		외국환전	귀국자 탁송	귀국자 휴대	그 외		
하와이	712,881	170,480	44,083	383,490	114,828	10,726	66.46
페루	414,303	104,271	9,810	225,270	74,952	6,566	63.10
필리핀	309,366	148,467	8,060	47,281	105,558	6,951	44.51
브라질	172,446	65,993	7,923	60,312	38,218	8,627	19.99
아르헨티나	150,798	33,253	3,730	77,680	36,135	1,922	78.46
미국 본토	138,806	40,619	19,282	68,200	10,705	712	194.95
싱가포르	90,157	5,981	1,334	22,810	60,032	888	101.53
멕시코	49,079	9,390	24,889	13,700	1,100	283	173.42
셀레베스	16,180	1,180	60	2,390	12,550	79	204.81
캐나다	3,965	2,080	230	1,340	315	270	14.69
뉴칼레도니아	3,706	1,200		1,500	1,006	85	43.60
쿠바	3,600	2,210			1,390	116	31.03
수마트라	3,000	200			2,800	29	103.45
자바	2,990	40		2,550	400	24	124.58
볼리비아	2,848	2,668			180	16	178.00
보루네오	2,617	620		1,200	797	8	327.13
바타비아	1,598			398	1,200	17	94.00
동인도	983	100	883			8	122.88
중국	240				240	12	20.00
피지	65	40	25			5	13.00
그 외	2,930	2,930				66	44.39
합계	2,082,558	591,722	120,309	908,121	462,406	37,410	55.67

출처: 『海外在留人員並在留者送金調』(昭和8年 1~12月), pp.43~44.

편 환전이나 은행 환전을 이용함을 말해준다. 또 귀국자의 휴대나 탁송금이 많고, 특히 휴대금은 막대한 액수일 것이라고 추측된다.

다음으로 국가지역별로 송금 총액을 살펴보면(〈표6〉참조), 1위는 하와이로 약 71만여 엔이다. 2위 페루 41만여 엔, 3위 필리핀 약 31만엔으로, 3위까지가 송금이 대단히 많은 국가라 할 수 있다. 이어서 브라질, 아르헨티나, 미국 본토가 10만 엔대로 뒤를 따르고, 싱가포르, 멕시코, 셀레베스까지가 송금이 많은 국가에 포함된다고 할 수 있다.

송금 방법에서도 앞서 살펴본 바와 같이 귀국자 휴대, 외국 환전, 귀국자 탁송 순으로 많다. 재류자 1명당 평균 송금액을 보면, 1위는 보르네오가 327엔 13전으로 눈에 띄게 많다. 다음으로 셀레베스 205엔, 미국 본토 약 195엔, 볼리비아 178엔, 멕시코 173엔 42전이 비교적 많은 편이다. 자바, 동인도, 수마트라, 싱가포르가 100엔 이상을 기록하고 있다. 전체 평균치는 55엔 67전이다.

요컨대 해외 이민에 의한 송금은 연차에 따라 변화는 크지만, 매년 평균 200만엔 전후의 송금액이었다는 사실이 확인되었다. 그러나 이것은 통계에 반영된 송금액으로, 실제로는 더 많았을 것이라고 추측된다.

그렇다면 이 송금액이 오키나와현 경제에 미친 역할에 대해서 살펴보도록 하자. 다이쇼・쇼와기의 오키나와현 해외 재류자 송금액과 현세입・세출액을 비교해서 그 송금액이 현세입액에서 차지하는 비율을 산출해 보면, 1923년다이쇼 12에 44.06%, 1927년쇼와 4에 66.4%, 1933년쇼와 8에 37.9%로, 얼마나 큰 비율을 차지하고 있었는지 알 수 있다. 또

1927년도쇼와4 현의 자산을 어림잡아 계산하면 다음과 같다. 즉, 현 외 이송분으로서 무역 마지막 결산을 위해 1,024만 8,000엔, 국세 부담이 525만 엔으로 합계 1,549만 8,000엔이 된다. 현내 유입분으로서 이·식민 송금이 198만 6,000엔, 국고 지출이 180만 엔으로 합계 378만 6,000엔이 된다. 그 결과 공제이송액이 1,171만 2,000엔이 되어, 이민 송금의 규모와 오키나와현 재정에 대한 영향이 막대함을 알 수 있다.

오키나와의 지정학적 아이덴티티

현재의 글로벌라이제이션의 움직임 속에서, 다시금 지역과 지역 아이덴티티가 문제시되고 있다. 지금까지 국가의 하위에 위치하여 국가의 일부로서만 이해되어 온 지역 또는 지방은 현재 그것이 가지는 독자적인 지역 세계를 회복하고 독자적인 지역 세계상을 구상할 것이 요구되고 있다. 동시에 국가의 틀에서는 포착할 수 없는 문제가 속출하고 있다. 국가는 작은 지역이 가지는 고유의 성질을 포섭해야 하는 필요에서 보면 너무 거대화되었고, 국가를 초월한 문제를 처리하기에는 작아져버렸다고 할 수 있을 것이다.

현대 세계는 국가와 국제관계의 시대를 초월하여 지구화의 방향이 진행되고 있다. 동시에 다른 한편으로 지방화의 움직임이 진행되고 있다. 이 쌍방으로의 양극분화는 국가의 시대를 하나의 지역 표현으로 하여 역사적인 지역성이 중층적이면서도 다원적으로 재등장하고 있다. 이러한 현대세계에 대응하는 분석의 틀, 이념의 틀, 역사 연구의 틀은 어떠한 것일까. 이것을 지역 혹은 현재 아시아에서 보면, 지연과 촌락 레벨의 지방으로서 나타난다. 이러한 움직임 속에서 몇몇 역사적 논점을 살펴보도록 하자.

현대 세계, 특히 아시아의 변화를 검토할 때, 19세기 이후의 국가와 국가 사이의 관계를 나타내는 국제관계의 틀, 그리고 역사적인 화이질서의 틀 이 두 가지가 주요한 방법이었다. 그리고 19세기 이전에는 주로 화이질서관계가 적용되었고, 19세기 이후에는 국제관계의 틀이 적용되었다. 그러나 이들 양자를 역사적인 종주권과 주권과의 상호관계로 볼 때, 화이질서를 중심으로 한 시대 속에서도 주권의 등장을 보는 것은 가능하고, 동시에 더욱 중요하다 생각되는 것은 주권을 중심으로 한 시대에서도 종주권의 역할은 소멸하지 않았다는 것이다. 그리고 지금, 지정론은 이들의 시간과 통치 관계의 조합을 공간과 통치의 조합 측면에서 탐색하려는 방법이라 할 수 있다.

이러한 문제에 대한 유력한 접근 방식은 '중심과 주변'이라는 시점에서 지역통치를 검토하는 것이다. 지역은 그 자체로 균질하지 않고 지역간 관계에서도 권력의 배분은 일정하지 않다. 더욱이 중심과 주변은 고정된 관계가 아니라 상호 교대할 수 있는 것이다. 이러한 시각이 지역 지배에서 통치정책의 이념이 되기도 했고, 지배 정책을 결정하는 권력 배분의 근거이기도 했다. 바로 여기에서 지역 시스템이라는 방식으로 이어진다. 지역간 관계에 한층 더 주의를 기울여 지역간 관계의 조합·안정성·변화에 주목하는 방법이다. 바다인 오키나와는 이러한 테마에 커다란 과제를 제공하고 있다.

더욱이 역사 연구의 입장에서도 해양을 연구하는 시점으로서 이러한 지연 정치의 관점이 필요하다. 지연 정치의 개념을 도입하면, 종래 국가와 민족의 틀을 통해서만 탐색해 온 역사적 사실들을 보다 광역적인 지역 복합체로 생각하는 것이 가능해진다. 그 결과로서 예를 들면, 왜구의 역사를 해역에 의거한 해민과 연해민 사이에 펼쳐진 교섭과 충돌의 형태로서 동중국해사를 기술하는 것이 가능해질 것이다. 다른 한편 지역의 정치·경제 관계를 구성하는 종족·도시·항운·지방정부·재지유력자의 상호관계가 명확해진다. 그리고 이를 통해 지역의 통치와 피통치 및 그들의 상호 교대 관계가 더욱 명확하게 해명되는 계기를 제공한다. 바다를 장소로 인식하는 발상이다.

또 중앙과 지방 관계를 재검토하는 과제로도 이어진다. 그 특징은 선택하는 역사적 시간이 장기적이라는 것이며, 중앙·지방의 관계를 중심과 주변의 관계로 치환하면서 논의하는 프로세스는 지연 정치의 시점에서 오키나와를 다시 파악하려 하는 방향이라 할 수 있다.

지정론地政論의 기초는 가정家政이다. 일본에서의 가정家政은 메이지 이후 가정家庭의 경영에 한정되면서 남녀가 절반씩 역할 분담을 하게 되었고, 여성의 가정家庭 내 역할이 가정家政의 내용이 되었다. 즉, 가사·육아를 중심으로 한 작업으로 정치와는 매우 거리가 있었다.

그러나 오키나와 내의 가정家政은 지역 정치나 국정의 일부이며, 가정의 계승이 우선적으로 고려되어야 한다는 생각이 용인되었다. 혹은 가정家政을 이유로 지역을 대표하여 국정에 의견을 표명하는 것이 가능했다고도 할 수 있다. 따라서 가정家政을 도맡는 처리하는 것은 지역 정치 그 자체였다고도 볼 수 있다.

집이 지역사회를 구성하는 요소라는 점에서, 지정地政의 근거를 집에서 찾으려는 최근 활발하다. 이것은 종래의 인류학을 중심으로 한 종족 연구와 중복되면서도, 지역사회와의 관계를 명확히 하려고 시도한다. 오키나와 사회는 더욱 일본사회와 비교하는 것이 필요할 것이다.

현행 종족의 이념적 모델로서의 문중은 공통의 시조를 가지고, 그 의식의 근거가 되는 족보를 가지며, 일찍이 그 족보의 창성에 유래하는 중국적인 성姓을 공유한다. 그리고 시조의 묘소와 공통의 문중묘 앞에서 정기적으로 선조의 제사를 치르고, 부계 혈연에 의한 귀속원리를 관철시키기 위해 데릴사위를 들이지 않고 같은 문중에서 양자를 선택하며, 선조 위패의 제사권은 누구보다 장남이 우선적으로 계승하는 것 등을 지향하고 있는 집단이다.

도시 문제 및 도시와 농촌의 관계에 관한 문제는 인간사회 속에서 가장 기본적인 역사적인 생활 단위이자 생산단위였다는 점에서, 그것을 어떻게 통치하고 경영할 것인가 하는 것은 기본적인 문제였다. 도시·농촌문제를 어떻게 검토할 것인지를 둘러싸고 몇몇 생각이 존재한다.

옛 류큐에는 12히키ヒキ가 존재했고, 각 히키는 '세이야리토미가히키せいやりとみがひき' 등의 미칭美稱으로 불리며, 동일한 명칭이 해외의 교역사선交易使船 이름에 붙여지는 경우도 있었다. 또 군사적 편성의 성격을 가지는 경우나, 지방 관리가 히키에 편성되어 있는 경우, 혹은 각 히키의 장관이 '센도'선장(船頭), 후에 세두(勢頭)로 표기라고 불린 경우 등 히키의 홍미로운 성격이 확인된다. 이와 같은 점으로부터, 히키는 군사적

·교역 체제적·행정적 성격을 가지는 옛 류큐의 독자적인 조직편성이었다는 사실을 추정할 수 있다.

모아이模合는 현재와는 달리 모아이마치模合待ち 즉, 공동소유의 의미로 유용되는 경우도 있었다. 예를 들면, 농민은 개인적으로는 1,000평 이상의 사유지仕明地 소유가 인정되지 않았기 때문에, 농민 혹은 마기리間切·촌村·여與의 모아이마치의 소유형태를 취한 모아이마치 사유지를 말하는 경우이다. 현대의 계모임에 해당하는 모아이는 18세기 이전부터 행해지고 있었다지만 그 기원에 관해서는 확실하지 않다. 그러나 화폐 유통이 일반화되기 전까지는 농산물·가축·일상의 식품 등이 모아이의 대상이었으며, 쌀모아이·설탕모아이·염소모아이·두부모아이 등 생활에 밀착한 물품들이 사용되는 경우가 보통이었다. 또 유이마루상호부조, 상호보조, 품앗이 등과 같이 노동력을 대상으로 한 인적모아이·목수모아이 등도 행해지고 있었다. 폐번치현1879 이후에는 서민과 가까운 금융으로서 널리 이용되었으며, 일부에서는 취급 금액이 커져서 조직화·영업화되어 서민금융회사無盡会社를 설립하는 곳도 나왔다.

이민처에서도 이와 같은 상호부조의 관행은 유지되고 있었다. 하와이 이민 사회의 예를 살펴보도록 하자.

당시 일본계 이민자 사이에서 계모임은 꽤나 활발했다. 하와이에서 보통 행해졌던 계모임의 방식은 다음과 같은 것이다. 예를 들면, 계를 만드는 사람을 '부모'라고 부르는데, 이 부모가 100달러를 필요로 한다면, 자신 이외의 9명의 동료를 모은다. 이 10명이 각자 매달 10달러씩 내는 것으로 하고,

첫 달은 부모가 100달러를 받아간다. 다음 달부터는 입찰제로 운영되는데, 예를 들어 A씨가 사람들에게 이자로 2달러씩 지불한다는 조건으로 A씨에게 낙찰이 되면, A씨는 아직 낙찰되지 않은 8명에게 2달러씩 지불한다. 즉, A씨는 100달러에서 16달러를 뺀 84달러를 손에 넣게 되는 것이다. 매달 이와 같은 낙찰을 반복하여 전원이 낙찰을 받은 시점에서 계모임은 해산한다. 하와이에서 이 모임은 보통 휴일인 일요일에 열리는데, 플랜테이션에서는 달에 한 번 지급되는 월급날이 며칠 지난 이후에 진행된다고 한다.[4]

오키나와의 해양력Sea Power

해양 이용도 오키나와 지정론의 중요한 과제이다. 류큐왕국의 이해관계가 해양과 얼마나 밀접하게 관련되어 있는지를 역설하고 싶다. 지금까지 이른바 해양력이 가지는 중요성을 지적하고 류큐왕국과 해양통치를 연관시키면서 기술해 왔는데, 더 나아가 어업 면에서도 오키나와의 연해 어업에는 역사적인 특징이 확인된다. 이토만糸満 어부를 유명하게 만든 몰잇그물어법追込網은 근대 어법을 능가할 정도의 기술 수준을 보여주고 있는데, 그 배경에는 야토이고雇子의 존재가 있었다. 이토만 어부의 기본은 잠수 기술로, 어릴 때부터 시간을 들여 양성할 필요성이 있었기 때문에 야토이고 없이는 이토만의 어업은 성립할 수 없었다. 그러한 의미에서 야토이고가 달성한 공적은 크다.

---

4   鳥越皓之, 『ハワイの沖縄移民一世の記録』, 中央公論社, 1988, p.74.

야토이고를 포함해서 이토만에서 어업 기술을 습득한 타지역 출신의 어업자도 이토만계 어부라 부르는 이유가 여기에 있다.

오키나와의 도서문제를 생각할 때에도 지정에 대한 사고는 불가결하다. 섬은 그 자체 단독으로 성립하는 섬 세계를 가짐과 동시에, 해양과의 관계를 반드시 가지며, 더욱이 바다를 걸쳐 다른 섬이나 또는 대륙부와의 관계를 반드시 가지기 때문이다. 사실 오키나와의 도서 연합에 의한 섬 세계의 형성은 오키나와 제도의 특징을 형성하고 있을 뿐만 아니라, 외부로의 확장을 가능하게 하는 이민 네트워크에 의해서도 지탱되고 있다.

역사적으로 볼 때 류큐·오키나와와 연관되어 광역지역간의 관계를 구성한 광역지역 모델은 다음과 같이 다섯 가지로 정리할 수 있다.

(1) 해역·도서 모델

(2) 조공 모델

(3) 네트워크 모델

(4) 배후지 모델

(5) 도시간 네트워크 모델

첫 번째의 해역·도서 모델은 류큐·오키나와를 가장 근본적으로 특징짓고 있다. 류큐왕조는 바다에 근거해 만들어졌다고 봐도 과언이 아니다. 오키나와 제도는 동쪽에는 쿠로시오가 흐르고 있고 태평양 서단에 위치하고 있다. 이 쿠로시오 벨트에 의해 필리핀, 대만 동부, 오키나와, 아마미, 그리고 일본의 태평양 해안은 연결되게 되었다. 역사적으로는 폴리네시아, 미크로네시아 등 태평양 제도와의 교류 가능성을 가짐과 동시에, 그 후 스페인의 마닐라 무역이나 미국 서태평양에서의 포경 코스와도 겹치게 된다.

'해역 모델'은, 지금까지 국가를 중심으로 한 국가간 관계의 지역 모델보다 오히려 국가를 구성하는 역사적 배경이었던 종주권에 기초한 광역지역 모델을 생각할 때, 해역이 가지는 역사적인 역할이 전면으로 부상한다. 해역은 육지와 육지를 연결하는 수단이 아니라, 오히려 지역간 관계의 통치 이념을 형성한 지역 질서를 가진 장으로서 생각되지 않으면 안 된다. 특히 아시아를 생각할 때, 아시아 해역은 그 해역의 연속성에 따라 특징이 부여되고 있고, 이 아시아 해역이 아시아라는 광역지역, 특히 동아시아와 동남아시아에 걸친 광역지역의 역사적 특징을 형성했다고 생각되기 때문이다. 그리고 각각의 바다가 그 바다를 특징짓는 왕권 혹은 교역 질서를 구성하고 있었다. 술루 왕국은 술루해에, 또한 조공 관계로서의 동아시아 지역은 동중국해에 기초해서 그와 같은 특징이 형성되었다.

그리고 오키나와라고 하든 오키나와 제도라고 하든, 오키나와를 마치 단일 섬이나 오키나와섬이 전부라는 듯이 표현하고 있지만, 사실 섬들은 각각의 지정학적인 분업관계를 가진 통일체임과 동시에, 근린의 아마미·규슈로 이어져있고, 남쪽으로는 대만, 필리핀으로도 이어지는 남북관계를 중계하며, 서태평양과 동중국해도 중계하고 있었다.

따라서 해양을 배타적으로 국가 주권 아래로 포섭하려는 방식은 19세기 이후 특징적으로 보이는 제해권制海權의 사고방식이다. 해양에서의 군사력은 해민과 육민의 교섭 과정이며, 교역 질서를 유지하는 목적을 가지고 수행된 보조적인 수단이었다. 연해 교역이든 장거리 교역이든, 바다는 교류의 장소라는 지정학적 특징을 가진다. 지정학적 측면에서 해양을 생각하면, 해양은 본래 그 자체가 열린 체계로서 연해沿海·환해環海·연해連海의 삼층 구조를 가지며, 다른 지역과의 교섭을 통해 성립하는 장소이다.

두 번째의 광역지역간 관계 모델은 조공 모델이다. 조공 관계는 유라시아 대륙의 동부에 국가가 형성되고 그 국가에 황제의 권위가 미치는 범위로서, 보다 넓은 지역을 포괄하는 권력을 구성하게 되었다. 황제권을 중심으로 그 주변에 동심원적으로 지방, 토사토관, 번부, 조공국, 호시국 등 주변으로 갈수록 느슨한 질서관계를 형성하고 있었다. 이러한 조공질서는 20세기초 청조 말기의 신해혁명 당시에 제도적으로는 폐지되었지만, 광역질서 통치 이념으로서의 종주권적인 통치는 동아시아의 조공국간에 서로 공유되고 분유되었다. 거기에는 조선이나 일본 등이 중화를 주창하면서도 화이질서의 '화'의 위치에 스스로 서려고 한 역사적인 과정도 특징적이다. 따라서 광역질서의 이념으로서 조공 관계는 역사적인 조공의 의미뿐만 아니라, 광역질서를 통치하는 하나의 역사 모델로서 조공 관계를 생각할 필요가 있다.

류큐왕조를 특징짓는 것은 동중국해 및 남중국해를 둘러싼 교역과 명청 두 왕조에 걸친 중국과의 조공무역이다. 특히 자국에서는 생산되지 않는 후추나 소목을 동남아시아 교역을 통해 입수하고, 그것을 조공품으로 중국에 가져간 중계무역 네트워크는 대안의 입공지 푸저우와의 관계를 한층 밀접하게 함과 동시에, 중국 화남에서 동남아시아에 걸친 화교의 이민 네트워크와도 깊이 관계된 것이었다. 이와 같은 조공 체제를 최대한으로 이용한 류큐왕조의 대외관계가 실현된 역사적 근거 역시도, 동아시아에서 동남아시아를 둘러싼 해역의 지정학적 조건에 의한 것이었다고도 할 수 있다.

세 번째 모델은 네트워크 모델이다. 이것은 지역간의 관계를 횡적으로 확대하는 측면에서 더욱 폭넓게 포섭하려 하고 또 관계를 맺으려고 하는 것이다. 무역관계나 이민의 관계 속에서 이와 같은 네트워크 모델을 확인할 수 있다. 이 네트워크 모델을 이용해서 다양한 왕권이 무역이나 이민에 관계하고, 동시에 무역항이나 이민도시를 건설해서 지역통치의 거점으로 삼았다. 특히 바다를 둘러싼 교역과 이민 네트워크는 그 통치관계 측면에서도 토지를 근거로 한 북쪽의 배타적인 권력이 아니라, 오히려 외부로 열린 지역간 질서를 넓힌다는 방향성과 특징을 가진다. 특히 네트워크 모델을 고려하면, 지금까지 국가간 관계 측면에서는 전면에 등장하지 않았던 류큐·오키나와의 역사, 쓰시마의 역사, 혹은 19세기 후반 이후의 홍콩이나 싱가포르의 역사가 지역간 관계 속에서 중개적 역할을 수행한 중요한 장소로서 등장한다.

류큐에서는 환해의 교역 네트워크가 규슈의 사쓰마번과 연결되고, 중국의 생사 매입의 출장기관으로서도 기능하고 있었다. 거기서 홋카이도의 해산물로 구성된 다와라모노俵物, 건해삼, 건전복, 건상어지느러미의 3대 상품를 사쓰마번을 통해 입수해서, 그것을 중국으로 가져가 생사의 결제수단으로 삼고 있었다.

네 번째는 배후지 모델이다. 이 배후지 모델은 해역의 주변을 따라 형성된 무역 도시나 이민 도시가 그 도시를 중심으로 해서 각각의 배후지를 만들고, 그 배후지 관계가 교역이나 이민을 더욱 촉진시키는 형태를 가지고 있었다. 나하를 중심으로 한 배후지 관계는 동쪽으로는 태평양 제도가 있고, 북쪽으로는 규슈에서 한반도, 그리고 규슈에서 서일본으로도 이어져 있었다. 서쪽으로는 푸젠성 푸저우를 중심으로 한 화남 연안 일대, 남쪽으로는 둘로 나뉘어 대만 동부에서 필리핀에 이르는 루트를 동쪽 선이라고 한다면, 서쪽 선으로는 대만해협을 경유해서 동남아시아로 이르는 길이 존재하고 있었다.

역사적 배후지 모델은 다음과 같은 여러 관계들과 연동되어 있다. ① 사쓰마·규슈·일본과의 관계. 일본 측은 조공사절과 유사한 관계를 상정했다. ② 한반도·조선과의 관계. 류큐왕부의 성립에 관계하고, 그 후에도 왕래가 있다. ③ 푸젠과의 관계. 민인閩人 36성姓이 도래했고, 명·청 두 왕조와 조공 관계를 가졌다. ④ 대만과의 관계. 대만 동부의 화롄에는 류큐촌이 있었고, 필리핀과의 교류를 중계하였다. ⑤ 동남아시아와의 관계. 명대에는 현재의 태국이나 인도네시아에 사절을 파견하여, 조공품인 후추나 소목을 구입했다. 더욱이 동남아시아를 경유해서 인도·이슬람 상인이 내항하고 있었다. ⑥ 필리핀과의 관계. 마닐라를 거점으로 해서 미국과 은 무역을 담당하던 스페인의 갈레온선 무역에 류큐상인도 참여했다고 상정된다. ⑦ 태평양과의 관계를 명시. 쿠로시오의 흐름을 이용한 이동이나 미크로네시아와의 교류가 상정된다.(본서 60쪽, 〈그림 6〉 참조)

다섯 번째의 도시 간 네트워크 모델은 배후지 네트워크 속에 있는 교역 도시나 이민 도시 사이에 보이는 관계이다. 그리고 더 나아가 향후 아시아간 관계를 규정해 가는 공통적 과제인 환경·인구·고령화 문제 등 바다의 결정성決定性의 크기를 이용한 해항도시간의 다각적 네트워크에 대해서 생각할 필요가 있을 것이다.

오키나와의 전후 체험과 기억

제2차 세계대전 이후 오키나와의 체험은, 어떤 의미에서는 전쟁 그 자체를 (일단 전투 장면은 제외하고) 오키나와현민 혹은 거슬러 올라가서 류큐국민, 오키나와 도민이 같은 역사 관계에서 재체험하는 과정이었다고 할 수 있다. 전쟁은 이와 같은 과정을 통해서 전투를 중심으로 한 기억의 방향을 취하는 것이 아니라, 전쟁 체험을 배경으로 한 전후 체험으로 계승되어 갔다. 『전후 오키나와 생활사』속에서 소개되고 있는 '인양引揚', '밀무역' 등의 항목은 이것을 여실히 보여주고 있다. 필자는 뉴욕주 서북부에 위치한 시러큐스대학에서 전후 오키나와에서 미국으로 유학 온 기록을 보면서 이와 같은 전후 체험을 중첩시킬 수 있었다. 그리고 전후 오키나와 속에 미국 지배라는 문제뿐만 아니라, 보다 내부적으로 오키나와의 시대상을 받아들이는 방식 자체에서 미국 세계가 내재되어 있다는 것을 다시금 통감하였다.

'인양'은 역사적인 이민과 표리일체이며, '밀무역'에서는 역사적인 해양무역의 배경을 확인할 수 있었다. 또 '어니파일 극장'에서는 히메유리부대의 영화 체험이 중첩되었고, 무엇보다도 나와 같은 세대 사람들의 전후 체험은 대륙으로부터의 전쟁고아의 전후 체험과 같이,

전쟁을 지금 다시 체험하는 것이었다. '시마구루미투쟁'에서 나타난 우치난추의 아이덴티티 형성, 혹은 '아마미의 복귀'에서 보이는 오키나와와 아마미의 역사적인 관계성 등은 오키나와가 단순히 오키나와에 머물러 있지 않다는 사실을 방증하고 있다. '패스포트'에서는 대학 시절에 오키나와에서 온 유학생 T씨 등이 여권을 바다에 던져버리는 이야기를 오키나와 아이덴티티의 복잡성을 이야기하는 것으로서 들은 기억이 있다.

'표준어려행標準語勵行'에서는 일찍부터 방언찰方言札[5] 등을 이용하여 오키나와 방언을 표준어로 바꿔가자는 움직임이 일어났고, 이에 대한 반동으로 '우치난우치, 이에야마구치, 나가쿠구치'에서는 각 섬의 재래성在來性, 재지성을 강조하는 움직임이 보였다. 또 '운에이 · 모아이 · 고로고로'에서 오키나와의 모아이는 일본 · 한국 · 동남아시아 · 중국, 나아가 북아프리카에까지 미치는 재지사회의 상호의존 속에서 서민금융이 가지는 중요성을 나타내고 있다. 그 중 오키나와의 모아이의 경우에는 더욱 금융적이었으며, 모아이의 중심이 되는 자의 금융적인 역량이 발휘되고 있었다는 특징이 있다. '730'이라는 본토 복귀 후 왼쪽 차선으로의 변경일 항목에서는 1국 1룰이라는 것에 대해 오키나와는 반드시 이와 같은 1국 1룰에는 굴하지 않았다는 것을 나타내고 있다. 이와 같은 오키나와의 전후 체험은 전쟁 체험 그 자체의 복잡성을 계승하고 있다고도 생각할 수 있다.

---

5 역자 주 : 방언찰은 방언을 추방하고 표준어를 보급시키는 수단으로, 방언을 사용하는 사람에게 걸던 꼬리표이다. 주로 초등 교육에서 시행된 것으로, 방언을 사용하면 나무판에 끈을 묶은 된 방언찰을 목에 걸고 있어야 했다. 특히 오키나와에서 엄격하게 적용되었는데, 이는 류큐의 민족성과 문화, 언어를 말소시키기 위한 정책이라 할 수 있다.

필자는 전후 체험 중에서도 특히 이민에 대해서 주목하고 싶다. 물론 류큐·오키나와사 속에서 사람의 이동이나 이민은 끊임없이 존재했다. 조공사절 및 그들에 동반된 교역상인의 이동이나 이민에 그치지 않고, 표류라는 형태로 나타난 사람의 이동도 일본 에도시대의 『통교일람』 등에 나타나 있다. 이 『통교일람』의 내용에는 표류라는 형태로 일본에 표착한 사람들이 실은 정기적으로 일본에 왕래하고 있었다는 사실을 엿볼 수 있는 자료가 포함되어 있다. 말하자면, 일본이 류큐와의 관계에서 류큐를 준조공국으로 간주한 것은 일본 자신이 화이질서적인 룰에 기초하여 대외관계를 처리해왔다는 것을 의미하고 있다. 그러나 이러한 오키나와의 표착민을 돌려보내는 송환체제에 나타난 사람의 이동관리는 동아시아, 나아가 동남아시아에 걸친 조공 시스템=화이질에서 공통적으로 확인되는 룰이었다. 또 일본과의 관계뿐만 아니라 조선과의 관계, 대만과의 관계, 청조와의 관계, 동남아시아와의 관계에서 류큐는 사쓰마에는 류큐저택, 푸저우에는 류큐관, 대만이나 말라카에는 류큐촌 등 각각의 교류거점을 보유하고 있었다.

그러나 류큐는 메이지유신 이후 일본국의 일부로서만 행동할 것을 요구당했고, 국제항·나하항은 대외 교역항으로서는 폐쇄되었다. 전후에 나타난 오키나와로부터의 해외이민은 일본 정부의 국책에 따라 메이지 이후에 처음 실시된 것이 아니다. 오히려 그것을 배경으로 한 류큐의 광역 교역망에 기초한 사람의 이동을 통해, 이미 그 조건이 형성되어 있었다고 볼 수 있다. 다만, 동시에 노동이민 성격의 일본으로의 이민도 급속히 증가했던 것도 사실이다. 특히, 오사카 지구

내의 노동이민의 변화는 일본 경제의 변화를 직접적으로 반영하여 증감을 나타낸다. 거기서는 류큐·오키나와에서 온 이민자들의 집중적인 분리 거주의 형태가 확인되며 저임금노동에 처해 있는 상황도 엿볼 수 있다. 도미야마 이치로冨山一郎의 연구에 의하면, 1930년대 오사카로의 인적 이동이 확대된 것으로 보인다. 그리고 이와 같이, 노동이민의 형태를 띠면서 등장하는 사람들의 이동 중에는 결코 그것에 그치지 않는 요인이 작용하고 있다. 즉, '오연五緣'이라 불리는 다섯 항목의 연결인 '혈연', '지연', '업연業緣', '문연文緣', '선연善緣, 사회적 행위를 공동으로 행하는 네트워크'이 작동하고 있다는 것이다. 오키나와 사회의 비조직 네트워크 방식이 이민과 이동 속에서 가장 잘 표현되어 있다고 생각한다. 이러한 점에서도 우치난추 네트워크의 미래에 주목하고 싶다.

나오며

류큐·오키나와의 역사 자원과 정보 자원

나는 좀처럼 오키나와에 갈 수 없었다.

중국사 연구 속에서 『역대보안』이라는 문자자료의 세계에서 류큐를 방문하는 경우는 있었지만, 오키나와 현지에 가는 것이 가능했던 것은 고작 십수 년 전의 일이다. 이유를 생각해보면, 초등학생 때 어머니를 따라가서 봤던 '히메유리의 탑'의 인상이 강했기 때문일 지도 모른다. 또한 오키나와전 당시, 1945년 3월 26일 미군이 게라마제도慶良間諸島에 상륙했고, 그곳에서 700여 명의 주민이 '집단 자결'을 한 사실, 그리고 오키나와전 말기에 구메지마久米島 전투에서는 구메지마학살사건으로 알려져 있듯이, 그 섬을 수비하는 일본군에 의해 20명의 현지 주민이 간첩 용의로 사살당하는 사건이 일어났다. 이 집단 자결이나 일본군에게 살해된 오키나와 사람들을 어떻게 생각하면 좋을까에 대한 답을 찾아내지 못했기 때문일지도 모른다. 게다가 격전지에서는 5채 중에 1채가 전멸한 오키나와전의 비참함을 생각하고 있었기 때문일지도 모른다.

1990년대 초반 『역대보안』의 교정편집이라는 큰 계획이 오키나와현 교육위원회에 의해 입안되었다. 나카쇼 하치로名嘉正八郎가 연구실로 와서 『역대보안』의 편집 사업을 열심히 설명했을 때, 나는 오키나와의 역사 세계를 통해 내 안의 현대 오키나와를 생각할 수 있을지도 모른다고 생각했다. 이후 『역대보안』의 편집 업무를 담당하게 되었고, 한 해에 수차례 오키나와를 방문할 수 있게 되었다. 나하공항에 내릴 때마다 나는 여권을 들고 왔나 하고 주머니를 만져보는 일도 있었지만, 오키나와는 그렇듯 미국이자, 중국이자, 한국이자, 동남아시아이자, 그리고 오키나와 세계였다.

오키나와가 가지는 확장성은 중국, 특히 화남 연해의 지연·혈연의 결속이 강한 사회 구성과 극히 유사하다고 할 수 있다. 문중이라는 선조를 공통으로 하는 강한 혈연조직을 가지고 있으며, 그 혈연조직은 오키나와 사회의 기초를 형성하고 있다고 할 수 있다. 또한 '히키'라는 사회관계를 연결시키는 결합이 존재했는데, 다카라 구라요시高良倉吉에 의하면 이 '히키' 제도는 군사 조직적인 성격을 가지고 있기도 하고, 행정 조직적인 성격을 가지고 있으며, 주식회사적인 성격 또한 가지고 있다는 것이다. 이처럼 그 기능의 표출은 다양할지라도, '히키' 제도는 굳이 말하자면, 지연조직이나 지연결합에 대응한다고 해도 될 것이다. 또 경제활동의 결합과도 중첩되어 있고 업연조직과도 겹쳐 있다고 할 수 있다. 이와 같은 지연·혈연·업연의 사회조직은 화남사회와 극히 상통하는 부분이 있다.

동시에 흥미로운 사실은, 이 혈연조직은 종족이라고는 불리지 않고 문중이라 불린다는 점이다. 이것은 한국·조선 사회에서 혈연조직을 표현하는 말이다. 이러한 측면에서 류큐·오키나와 사회는 한반도의 역사와 깊게 관계되어 있다고 지적할 수 있다. 류큐왕조의 성립 당시, 조선으로부터의 도래인이 수행한 역할의 크기를 이야기하는 것이다.

1609년 사쓰마의 침공 이래, 류큐는 중국을 대상으로 한 조공무역 이외에, 류큐 내부의 통치 기반을 확립시키려는 내지행정을 강화해 간다. 그리고 일본과도 류큐 사절의 에도상경江戸上り이라 불리는 준조공적인 관계를 맺는다. 1879년 류큐처분 이래 빠른 속도로 내지화가 진행되었는데, 예를 들어 표준어 교육에서 알 수 있듯이 오키나와의 지역성이 사라질지도 모르는 정책이 채택되었다. 오키나와의 일본화 시대인 것이다. 그중에서도 류큐·오키나와 사회가 가진 역사적인 특징은 유지되면서 해외 이민이나, 이토만 어업 등과 같이 바다를 통한 활동이 이루어졌다. 그러한 의미에서 오키나와의 일본화 시대는 일본에 모든 것이 수용되지 못하는 내용을 내재하고 있었다.

전후, 미국의 시대가 되면서 군사기지를 거점으로 한 미국의 아시아 전략의 중심이 되었고, 이 과정 속에서 오키나와는 일본에서 분리되어 미국의 정책과도 부합되는 형태로 독자화의 길을 걸어가기 시작한다. 오키나와가 미국의 움직임에 기초해서 스스로 오키나와인 의식을 구축한 시대이다. 군사기지에 대한 반응에서뿐만 아니라 국제감각을 가졌던 오키나와인 의식이었다고도 말할 수 있을 것이다.

1972년의 이른바 본토 복귀 이후, 오키나와는 다시금 일본의 주권 하에 들어가지만, 베트남전쟁이나 걸프전쟁 당시에 오키나와가 후방 기지의 역할을 하게 되면서, 오키나와 사람들의 의식은 이러한 국제적 사건에 기반하여 스스로 지도자를 선택하겠다는 의지를 선거 결과로 표출했다. 말하자면, 일본 속에 존재하면서도 미군기지의 동향에 직접적으로 반응하는 형태를 취하고 있다. 이 과정을 통하여 진행된 오키나와인의 아이덴티티에 관한 논의가 우치난추라는 구심력이며, 일본에 대한 야마톤추와 분명하게 구별되는 것이었다.

이 우치난추는 일본에 대한 구별로서 규정된 아이덴티티만은 아니었고, 류큐·오키나와가 그 역사적 측면에서 한반도·중국 화남·규슈·대만·동남아시아·미국 등과의 교류나 교섭에서 축적해 온 아이덴티티의 총체이다. 또 이들은 상호 다각적이고 네트워크적인 아이덴티티로서 기능하고 있음을 알 수 있다.

우리는 류큐·오키나와의 역사를 통해서, 그곳에 축적된 많은 정치·경제·문화·사회적 소프트웨어, 그리고 바다와 섬의 교섭에서 축적된 사회질서에 보이는 하드웨어를 확인할 수 있다. 달리 말하자면, 류큐·오키나와를 관찰함으로써 그곳에 일본을 포함한 아시아의 다양한 지역관계가 네트워킹되고 있다는 사실을 발견하게 된다. 류큐·오키나와 세계는 다각적인 지역간 관계의 교차점이자, 이질적인 지역세계가 서로 교류하는 중계지이기도 했다.

오키나와학과 오키나와론

　최근 21세기의 학문론 혹은 지식의 축적이나 분류 방법이 다시금 문제시되고 있고, 그것이 지구화와 지역화 속에서 더욱 현실적 문제가 되고 있다. 21세기에 현재 학문의 무엇이 남고, 어떠한 학문이 소멸될 것인가. 또 50년 후에는 어떻게 되어 있을 것인가 하는 생각이 들곤 한다. '무슨무슨 학'이라 만들어진 학문 분야는 한편으로는 상당히 실천적인 '무슨무슨 론'이라는 방향으로 다양하게 전개되어 가는 것은 아닐까. 예를 들면, 경제학의 경우에는 다양한 실천적 측면으로서의 경제론이 현실적인 문제로서 나오는 것은 아닐까. 또 다른 한편으로는 지금까지 '무슨무슨 론'으로서 특정 국면과 상황을 분석하고 있었던 분야는 더욱 계통적이며, 더욱 체계적인 검토과제를 담당하게 되는 것은 아닐까. 예컨대, 국제관계론이라는 학문 분야는 지금까지 반드시 국제관계학이라 불린 것은 아니었지만, 아마도 지금부터 더욱 체계적이며 계통적인 문제를 다루게 될 것이다. 또는 환경론이라는, 물론 환경학이라는 자리매김도 있으나, 환경론이라는 형태로 문제가 되어 왔던 연구 분야가 더욱 글로벌한 테마를 담당하게 될 것이다. 그렇게 되면, 동시에 지금까지의 거대이론을 어떠한 방향에서 생각할 것인가 하는 문제도 등장하게 된다. 종래의 틀 중심 부분에서 환경적 혹은 지리적, 생태론적인 이론이 치환되는 문제도 있을 것이다.

　더 나아가 지역적인 가치체계나 문화체계를 이해하고 그것을 전체상으로서 파악하려는 틀은 어떻게 생각될까 하는 문제가 있다. 달리 생각해 보면, 지금까지는 '무슨무슨 학'이라는 학문이 정확히 국학의 일부분으로서 어떻게 나라 만들기를 추진할 것인가 하는 목적 아래에서 축적되고 중시되어 왔다. 그러나 새로운 과제로서 더욱 글로벌한 틀, 그리고 더욱 지역적인 틀이 요구되고 있다는 사실을 둘러싼 학문론의 분야를 생각해야 하지 않을까.

이 점은 본래라면, 예를 들어 역사학이면 역사학, 정치학이면 정치학이라는 개개의 학문에 따른 형태로 생각해야 한다고 하지만, 지금까지 국학으로서 만들어진 영역이 다양하게 전개되는 새로운 과제 속에서, 특히 글로벌한 방향과 로컬 방향으로의 분기점에 직면했을 때, 분석 방법과 현실 상황이 어떻게 대응해야 할지 충분히 해답을 내놓지 못하고 있다고 생각한다. 이러한 상황 속에서 국학적인 영역은 지금부터 크게 변화해 갈 것이라고 예상된다. 그 결과 글로벌한 동시에 로컬한 시점에서 아시아를 생각할 때, 아시아의 개별 문화체계가 가지는 논리나 가치를 어떻게 그 자체로서 받아들이고 이해하며 논의해갈 것인가에 대한 과제가 대단히 중요해질 것이다. 동시에 일본의 경우도, 일본 내부를 어떻게 로컬한 문제로서 생각하고 각각을 어떻게 아시아와 연결시키며, 또 일본의 외부와 어떻게 연결시킬지에 대한 문제가 대두될 것이다. 여기에서 '오키나와학'이라는 표현을 생각해보도록 하자. 지금까지 살펴본 과제를 생각하는 테마로서 오키나와의 역사적인 정보자원은 '학'을 초월한 이른바 탐색 불가능할 정도의 많은 분야에 걸친 논리의 장을 제공하고 있다.

아시아의 문제 중에서 화교와 화인계의 움직임을 보면, 저량stock 이라기보다는 유량flow의 경제라고 해서, 생산이 아닌 돈이 흐르는 상업적인 특징이 강하다. 그에 반해 경제학자는 GNP, GDP 측면에서 비교하면, 기타 아시아 국가 및 일본과는 비교할 대상이 안 된다고 설명한다. 당연히 부의 축적으로서 저량을 기본으로 하는 경우와 유량을 기본으로 하는 경우는 다르다. 예를 들어 일본에서 오키나와를 보면, 그곳에는 인프라 조건이 갖추어져 있지 않으며, 교통이나 경제적 기반이 불충분하다는 형태로 제도화를 중심으로 한 관점에서의 코멘트나 비판이 존재한다. 화인 네트워크 측면에서 보면, 이쪽과 저쪽을 구별해서 다른 것으로 만들려고 하기 보다는 오히려 다양한 것을 연결하고 네트워크화해 가려는, 지금까지와는 전혀 다른 움직임의 원리가 작동하고 있다.

따라서 오키나와를 생각하는 하나의 측면에 이 유동성이 있다는 것을 한발 더 나아간 형태로 논의할 수 있을 것인가, 또 현실적인 문제로서 주권국가가 어떠한 국제관계를 만들어 갈 것이며, 그것이 안정적인 관계를 유지해 갈 수 있는가라는 문제가 존재한다. 동시에 그원리와는 다른 지역 원리가 존재하고, 아시아의 다이너미즘은 그러한 측면에서도 상당한 자극을 받고 있다고 생각된다. 오키나와는 이러한 원리를 함께 가지고 있는데, 향후 그 특징을 어떻게 나타내고 어떻게 도출시켜 낼 것인가가 핵심 과제가 될 것이다.

아시아 속의 오키나와 · 현대 세계 속의 오키나와

아시아의 국가 및 국민국가의 특징을 어떻게 개관할 수 있을까. 첫번째는 역사적으로 동아시아 · 동남아시아에서의 국가형성은 민족국가로서의 특징을 가지고 있었다. 그 때문에 국민의 내용이 민족과 등치된다고 인식되어 국민경제 그 자체로서 문제되는 일은 적었고, 민족 경제나 국가 경제가 주된 내용이 되었다. 이른바 전통적인 민간경제가 다양하게 존재하고 특히 신용경제의 영역을 형성하고 있었지만, 국가 레벨의 정책에 포함되어 개혁의 대상이 되었다. 민족개념은 끊임없이 상위에 위치하고 분석의 척도 자체가 민족관계로 환원되는 경향을 가지고 있었다. 두 번째 문제는 국가, 더구나 주권국가 레벨을 전제로 해서 전체를 검토해 왔다는 점에서 그 역사적 배경에 존재하는 광역지역의 확장이나 정리, 게다가 국가 레벨에서는 보이지 않는 소지역 등 국가의 상위나 하위에 존재하는 지역상을 놓쳐왔다.

이 국가의 하위에 있는 중소규모의 지역관계나 지역 복합, 혹은 지방이라 불리는 역사적인 유닛 등은 고려 대상에서 배제될 수밖에 없었고, 그 결과 현실의 움직임에 대해서 지극히 그곳으로부터 거리를 둔 논의에서 국가를 보는 습관이 생겼다. 그러나 다양한 레벨의 지역 복합 관계를 생각하고 또 복층 관계를 생각함으로써, 확장된 지역 아이덴티티나 내부적으로 연결된 종족 아이덴티티도 함께 시야에 놓고 생각할 필요가 있을 것이다.

그곳에서는 물자를 만들거나 물자를 소비하는 재생산의 관계뿐만 아니라, 사회관계 혹은 오히려 유량 경제 부분을 어떻게 볼 것인가에 대한 시점, 전체적으로는 네트워킹의 시점에서 문제를 생각함으로써, 지금까지와는 다른 방향이 보이거나 앞으로 과제로서 검토해야 하는 사항들과도 이어진다고 생각된다.

여기서는 발전 모델 또는 발전 서열에만 기초하지 않는 경제사회의 인정 방법, 지역간 관계의 안정과 충족도에 의해 평가되는 기준과 가치판단이 조합되는 형태가 필요하다. 현대는 앞으로 장기적인 방향을 둘러싸고 큰 전환기를 맞이하고 있다. 도래하는 포스트 소비사회의 시대는 탈소비적 또는 비소비적인 방향을 어디에서부터 찾아낼 것인가 하는 것이 큰 과제가 될 것이다.

그러한 점에서 생산에 직결하지 않는, 예를 들어 앞서 살펴본 네트워크라는 과제는 발전의 서열에서 우열이 가려진다기보다 오히려 그것을 유지하는 것에 중요성이 있다. 이것은 자금의 대소로 계측할 수 없는 인적 인프라 또는 다양한 사회적 인프라가 중요해진다. 이 사회적인 네트워크를 유지하는 것과 같은, 즉 사회 네트워크이자 가족 네트워크이며 지역간 관계인 그것들을 유지하는 것 자체에 목적이 있다고도 할 수 있는 사회이다.

따라서 실제로 공업화를 최고의 가치로 경제모델을 생각하는 것보다도 사회적 네트워크 속의 교섭 과정에서 부상하는 다양한 인프라의 충족이 의미를 가진다는 점에서, 지금까지와는 다른 통계 기준이나 가치 기준으로 평가를 해야 한다.

그러한 점에서 앞으로 비소비적 요소를 가진 하나의 사회 경제 혹은 경제 사회의 전망을 둘러싼 과제에 한층 더 논의가 집중되지 않으면 안 될 것이다. 경제발전의 서열화에 기초한 하나의 계열 평가가 아니라, 오히려 지역간 관계, 지역경제 관계의 안정도나 충족도와 같은 지금까지와는 전혀 다른 가치 기준에 따라 앞으로 우리의 사회적·경제적 생활을 규정하는 문제로 과제가 이동할 것으로 생각된다.

이 모든 의미에서 류큐·오키나와의 존재 방식은 동아시아 규모의 생활에 다면적으로 관여하게 될, 사유해야 하는 많은 지적 자원을 제공하고 있다고 할 수 있다.

나 자신의 '오키나와 입문'으로서 본서를 이렇게 정리할 수 있었던 것은 십수년간 『역대보안』의 편집에 관여하면서 류큐·오키나와의 역사를 본격적으로 배우는 기회를 얻은 덕분이다. 이 과정에서 끊임없이 가르침을 주신 오키나와현 공문서관자료실 '역대보안담당' 및 편집위원 모든 분들께 깊은 감사의 말씀을 드리고 싶다. 그리고 본서의 편집 과정에서 무한한 힘을 보태 주신 치쿠마쇼보 편집부의 아마노 유코天野裕子씨에게 진심으로 감사의 말씀을 드린다.

2000년 4월

하마시타 다케시

류큐사 연표

[ ]는 일본 관계

1350		삿토 즉위
1372		명의 태조, 양재(楊載)를 파견하여 초유하다. 추잔(中山)의 삿토왕 이에 응하여 진공
1380	1. 삿토(察度)	산난왕(山南王) 쇼삿토(承察度) 처음 명에 진공
1383		산호쿠왕(山北王) 하네지(怕尼芝) 처음 명에 진공
1390		미야코(宮古)·야에야마(八重山) 처음 추잔(中山)에 입공
1392		삿토, 조선으로 두 번째 사자를 파견. 전언, 36성 귀화 [남북조합일]
1398	2. 부네이(武寧)	산난왕(山南王) 우후사토(溫沙道), 조선으로 망명, 10월 객사
1404		감합무역 시작
1406		쇼하시(尙巴志), 추잔왕(中山王) 부네이(武寧)를 멸하고 아비 시쇼(思紹)를 왕으로 추대
1411	1. 쇼시쇼(尙思紹)	요시모치(義持), 명과의 국교 단절
1416		산호쿠왕(山北王) 한안치(攀安知), 추잔(中山)에 멸망
1420		추잔왕(中山王), 가키하나(佳期巴那)를 샴에 파견
1422	2. 쇼하시(尙巴志)	쇼하시(尙巴志), 추잔왕(中山王)에 즉위
1429		쇼하시(尙巴志), 산난(山南)을 멸하고 삼산(三山)을 통일함
1441	3. 쇼추(尙忠)	시마즈 다다쿠니(島津忠国), 아시카가 요시노리(足利義教)에게 류큐를 하사한다는 전언 있음(가키쓰(嘉吉)의 부용)
	4. 쇼시타쓰(尙思達)	–
1456	6. 쇼타이큐(尙泰久)	책봉사 내류, 다이큐(泰久)를 국왕으로 봉함. 말라카와 통호
1461		후스코(普須古)를 조선에 파견. 쇼토쿠(尙德) 즉위
1463		책봉사 내류, 쇼토쿠(尙德)를 왕으로 봉함. 말라카에 사자 파견
1466	7. 쇼토쿠(尙德)	쇼토쿠(尙德), 기카이지마(喜界島)로 원정하여 개선. 류큐사절, 아시카가 요시마사(足利義政) 알현
1467		조선국왕에 앵무새, 공작을 보내어, 답례로서 방책장경(方册藏経)을 받음
1469		시박사(市舶司)가 취안저우(泉州)에서 푸저우(福州)로 옮겨 유원역(柔遠駅)이 설치됨
1470		가나마루(金丸), 왕위에 올라 쇼엔(尙円)이라 칭하고, 제2쇼씨왕통(第二尙氏王統) 열다
1471	1. 쇼엔(尙円)	[무로마치막부(室町幕府), 시마즈씨(島津氏)에 류큐도항선의 단속을 명함]
1472		책봉사 내류, 쇼엔(尙円)을 왕으로 봉함
1477	2. 쇼센이(尙宣威)	–
	3. 쇼신(尙真)	쇼신(尙真) 즉위, 조선표류민, 요나구니시마(与那国島)에 구조되어,

		왕부가 조선으로 송환
1479		책봉사 내류, 쇼신(尚真)을 왕으로 봉함
1481		처음 사쓰마(薩摩)로 아야부네(紋船)(경하선)을 보냄
1500		야에야마(八重山)에서 아카하치 혼가와라의 난(アカハチ・ホンガワラの乱) 일어나, 왕부 이를 진압. 이후 사키시마(先島)의 지배 강화 이즈음 실파초(糸芭蕉)가 직물에 이용됨
1507		1년 1공 허가됨
1522		다시 2년 1공으로 바뀜. 긴(金武)의 관음당(観音堂) 건립
1524		니시토(西塘), 다케토미 슈이우후야쿠(竹富首里大屋子)로 임명되어 다케토미지마(竹富島)에 구라모토(蔵元)를 세워 아에야마(八重山)를 통치
1527		쇼세이(尚清) 즉위. 28다이켄몬(待賢門)(후의 슈레이몬(守礼門)) 건립
1531	4. 쇼세이(尚清)	『오모로소시(おもろさうし)』제1권 편집
1534		책봉사 내류, 쇼세이(尚清)를 왕에 봉함. 진칸(陳侃)『사류구록(使琉球録)』저술
1545		이즈음 벼의 이모작이 행해짐
1551		[감합무역 단절]
1556		쇼겐(尚元) 즉위, 왜구 습래, 이를 격파
1559		시마즈 다카히사(島津貴久), 쇼겐왕(尚元王)의 유사에 답장하여, 린교 드디어 친밀해질 것을 전함
1562	5. 쇼겐(尚元)	책봉사 내류, 쇼겐(尚元)을 왕으로 봉함
1570		남방무역의 기록 끊어짐
1571		아마미 오시마(奄美大島)를 지배하에 둠
1579		책봉 내류, 쇼에이(尚永)를 왕으로 봉함. 슈리몬(首里門)에 '수례지방(守礼之邦)'의 객을 내걺
1582	6. 쇼에이(尚永)	가메이 고레노리(亀井玆矩), 도요토미 히데요시(豊臣秀吉)에 의해 류큐를 받음 [혼노지의 변(本能寺の変)으로 노부나가(信長) 살해됨]
1583		미야코조후(宮古上布) 직조됨
1588		히데요시(秀吉), 시마즈(島津)를 사이에 두고 빈번히 류큐를 초유
1591		89년 쇼네이(尚寧) 즉위. 히데요시(秀吉), 조선침공을 결정, 류큐에도 시마즈(島津)를 통해 군역・부역을 명함
1592	7. 쇼네이(尚寧)	가메이씨(亀井氏)의 류큐 출병을 시마즈씨(島津氏)가 막음. 자나 웨카타(謝名親方) 등 조선침공 거부를 결정. 다만, 앞으로의 류일관계를 고려하여 군량미의 과반은 공출[조선침공(분로쿠의 역(文禄の役))]
1594		요시히사(義久)의 요구에 대해, 류큐의 궁핍한 상황을 호소하며 공출 불가능을 사과
1598		이즈음 칠화(漆絵) 기법 생겨남
1606		막부, 시마즈씨(島津氏)의 류큐침공을 허가. 책봉사 내류, 쇼네이(尚寧)를 왕에

		봉함. 시마즈씨(島津氏), 류큐에 내빙 재촉. 막부, 류큐를 사이에 두고 일명무역의 부활을 꾀하려고 하나, 류큐가 불응
1607		
1608		시마즈씨(島津氏), 막부 명령에 의해 쇼네이왕(尚寧王)에 내빙 재촉하나 이에 불응
1609		시마즈(島津)의 류큐 진공에 쇼네이(尚寧) 항복. 이후, 시마즈(島津)의 지배하에 놓여, 막번체제 속에 편입됨[조선과 통상관계를 맺음]
1611		사쓰마(薩摩), 류큐 측량 종료 (8만 9086석)
		사쓰마(薩摩)에 상납, '규정(15조)'를 영달. 마부니 웨카타(魔文仁親方) 국질(国質)이 됨[국질(国質)의 시작).
1612		명에 진공 10년 1공으로 제한됨[막부, 직할령에 기독교 금지령]
1621	8. 쇼호(尚豊)	쇼호(尚豊), 시마즈(島津)씨의 승인을 얻어 즉위 이후, 시마즈(島津)씨의 승인을 얻는 것이 관례가 됨
1622		5년 1공을 허가 받음
1623		기마 신조(儀間真常), 처음으로 흑설탕을 제조함 [영국 히라도상관(平戸商館) 폐쇄]
1628		나하(那覇)에 야마토자이반카이야(大和在番仮屋)가 설치됨 류큐의 수확량 5만 3085석
1633		책봉사 내류. 2년 1공을 허가 받음
1636		기독교 종교 조사(宗門改) 시작[해외 도항, 귀국 금지. 참근교대를 제도화]
1637		미야코(宮古)·야에야마(八重山)에 인두세 부과됨 [시마바라의 난(島原の乱)]
1644	9. 쇼켄(尚賢)	도오미반(遠見番)의 제도를 정함
1646		미야코(宮古)·야에야마(八重山)를 저당으로 사쓰마로부터 은 9000량을 빌림
1647	10. 쇼시쓰(尚質)	흑설탕·울금을 전매(専売)함. 미야코의 우두머리 3명, 조후(上布)의 품질조악이 원인으로 파면됨
1656		하토메센(鳩目銭) 주조됨
1663		책봉사 내류, 쇼시쓰(尚質)를 왕으로 봉함
1670	11. 쇼테이(尚貞)	하네지 조슈(羽地朝秀), 제사(諸士)에 족보의 제출을 명함
1678		다라마지마(多良間島) 소동 일어남. 접공선의 제도, 정례화
1681		쓰나요시(綱吉)의 쇼군(将軍) 취임 경하사 파견
1682		미사토(美里)의 지바나(知花), 슈리(首里)의 다카라구치(宝口), 나하(那覇)의 와쿠타(湧田)의 가마를 마키시(牧志)로 옮김(쓰보야(壺屋))
1683		책봉사 내류, 쇼테이(尚貞)를 추잔왕(中山王)에 봉함
1648		오슈(汪楫)『중산연혁지(中山沿革志)』저술
1690		『가보(家譜)』편찬 시작

1697		사이타쿠(蔡鐸)『중산세보(中山世譜)』편집
1698		류큐에서 사쓰마(薩摩)에 고구마(甘藷) 전함
1711	12. 쇼에키(尚益)	류큐의 수확량 8만 7399석
1714		7대 이에쓰구(家継) 즉위의 경하를 파견. 데이 준소쿠(程順則)(나고(名護)의 우두머리), 아라이 하쿠세키(新井白石)·오규 소라이(荻生徂徠)와 회견
1719	13. 쇼케이(尚敬)	책봉사 내류, 쇼케이(尚敬)를 추잔왕(中山王)에 봉함 평가사건(評価事件) 일어남
1728		사이온(蔡温), 삼사관(三司官)이 되다
1729		미야코(宮古)·야에야마(八重山)의 사무라이에 족보(계도) 허가
1745		『구양(球陽)』, 『유로설전(遺老説伝)』완성
1764	14. 쇼보쿠(尚穆)	쇼군 이에하루(家治) 취임의 경하사 파견
1786		『류큐과율(琉球科律)』제정됨
1790	15. 쇼온(尚温)	쇼군 이에나리(家斉) 취임의 경하사 파견
	16. 쇼세이(尚成)	—
1816	17. 쇼코우(尚顥)	영국선, 라일라(ライラ)호·알세스트(アルセスト)호 내항
1842	18. 쇼이쿠(尚育)	쇼군 이에요시(家慶) 취임의 경하사 파견
1844		프랑스 함선 아르크메누(アルクメ_ヌ)호 내항 [네덜란드 국왕, 막부에 개국 권고]
1845		영국선 서머런(サマラン)호 내항
1846		선교사 베틀하임 내류[(미) 비들 우라가(浦賀)에 내항]
1851	19. 쇼타이(尚泰)	존 만지로(ジョン万次郎) 내류. 나리아키라(斉彬), 사쓰마 번주가 됨. 사쓰마번, 이타라시키 조추(板良敷朝忠)(마키시 조추(牧志朝忠))의 공로에 대해, 금 30량 하사. 이즈음 이국선의 내항 많아짐
1853		페리 내항. 일본 개국의 발판으로 삼음
1854		러시아의 푸탸틴(プチャ_チン) 내항. 류미수호조약 조인 [미일화친조약 체결]
1859		마키시·온가사건(牧志恩河事件) 일어남
1871		미야코선의 대만 조난사건 일어남[폐번치현]
1872		류큐번 설치
1874		사이고 쓰구미치(西郷従道), 대만 출병[민선의원설립의 건백서]
1875		'류큐처분'에 대해 번론 비등함 [가라후토(樺太)·지시마(千島) 교환조약 체결]
1876		고치 웨카타(幸地親方), 청국에 구원 요청 밀서를 지니고 도항
1878		청국, '류큐처분'에 관해 일본정부에 항의
1879		일본정부, '류큐처분'을 감행, 오키나와현 설치

류큐・오키나와연구 주제별 문헌 목록

1. 류큐연구의 시점과 방법, 문제 관심 외

高良倉吉, 『沖縄歴史論序説』三一書房 一九八〇年.

_____, 『沖縄歴史への視点』沖縄タイムス社, 一九八一年.

_____, 『切ない沖縄の日々』ボーダーインク, 一九九五年.

西里喜行, 『沖縄近代史研究－旧慣温存期の諸問題』沖縄時事出版, 一九八一年.

_____, 『論集沖縄近代史－沖縄差別とは何か』沖縄時事出版, 一九八一年.

比嘉実, 『古琉球の思想』タイムス選書 5, 沖縄タイムス社, 一九九一年.

大江健三郎, 『沖縄ノート』岩波新書, 一九七〇年.

谷川健一, 『沖縄－その危機と神々』講談社学術文庫, 一九九六年四月.

岡本太郎, 『沖縄文化論－忘れられた日本』中公文庫, 一九九六年六月.

外間守善編, 『伊波普猷 人と思想』平凡社, 一九七六年.

鹿野政直, 『「鳥島」は入っているか』岩波書店, 一九八八年.

吉川博也, 『那覇の空間構想』沖縄タイムス社, 一九八九年.

松井健, 『文化学の脱＝構築－琉球弧からの視座』榕樹書林, 一九九八年.

2. 서양의 충격과 류큐처분, 류큐와 일본・아시아

神田精輝, 『ペルリ提督 琉球訪問記』国書刊行会, 一九二六年 一〇月.

山口栄鉄, 『異国と琉球』本邦書籍, 一九八一年 九月.

喜舍場朝賢, 『琉球見聞録』至言社, 一九七七年.

金城正篤, 『琉球処分論』沖縄タイムス社, 一九七八年 七月.

荒野泰典, 『近世日本と東アジア』東京大学出版会, 一九八八年 一〇月.

村井章介, 『アジアのなかの中世日本』校倉書房, 一九八八年 一一月.

渡久山寛三, 『琉球処分－探訪人・大湾朝功』新人物往来社, 一九九〇年.

永積洋子, 『近世初期の外交』創文社, 一九九〇年 三月.

速水融, 永積洋子、川勝平太訳ロナルド・トビ, 『近世日本の国家形成と外交』創文社, 一九九〇年 九月.

又吉盛清, 『日本植民地下の台湾と琉球』沖縄タイムス社, 一九九〇年 一〇月.

_____, 『台湾支配と日本人』同時代社, 一九九四年 六月.

原田禹雄訳注, 『新井白石 南島志 現代語訳』榕樹杜, 一九九六年 四月.

中村質編, 『開国と近代化』吉川弘文館, 一九九七年八月, 『鎖国と国際関係』吉川弘文館, 一九九七年 八月.

3. 오키나와와 미국 – 국제정치와 기지 문제

石原昌家, 『大密貿易の時代―占領初期沖縄の民衆生活』晩聲社, 一九八二年.

宮城弘岩, 『ポスト香港と沖縄』ボーダーインク, 一九九一年.

鳥袋邦·我部政明編, 『ポスト冷戦と沖縄』ひるぎ社, 一九九三年.

富山一郎, 『戦場の記憶』日本経済評論社, 一九九五年.

富永斉, 『沖縄経済論』地域科学叢書 XII, ひるぎ社, 一九九五年.

大田昌秀, 『沖縄の帝王 高等弁務官』朝日新聞社, 一九九六年.

我部政明, 『日米関係のなかの沖縄』三一書房, 一九九六年.

米国陸軍省編, 外間正四郎訳, 『沖縄―日米最後の戦闘』光人社NF文庫, 一九九七年.

4. 대류큐시대 · 해역 · 구로시오문화 · 류큐호

野口鐵郎, 『中国と琉球』開期書院, 一九七六年.

高良倉吉, 『琉球の時代』筑摩書房, 一九八〇年, .

_____, 『琉球王国の構造』吉川弘文館, 一九八七年、 .

_____, 『琉球工国史の課題』ひるぎ社, 一九八九年.

上村六郎, 『沖縄染色文化の研究』南島文化叢書 3, 第一書房, 一九八二年.

楊仲揆, 『琉球古今談―兼論釣魚臺問題』臺灣商務印書館発行, 一九九〇年.

5. 표류 · 이민 · 아이덴티티

羽原又吉, 『漂流民』岩波書店, 一九六三年 一一月.

鳥越晧之, 『沖縄ハワイ移民一世の記録』中央公論社, 一九八八年 一一月.

比嘉武信編著, 『新聞にみるハワイの沖縄人90年』若夏社, 一九九〇年 一〇月.

富山一郎, 『近代日本社会と「沖縄人」』日本経済評論社, 一九九〇年 一二月.

在アルゼンチン名護浦曲会編, 『旧名護町人アルゼンチン移住誌』CLUB NAGO, 一九九四年.

村井紀, 『南島イデオロギーの発生―柳田国男と植民地主義』太田出版, 一九九五年 一月.

ましこ・ひでのり, 『イデオロギーとしての「日本」』三元社, 一九九七年 五月.

国分直一編, 『海上の道―論集』大和書房, 一九七八年 五月.

上田不二夫, 『沖縄の海人―糸満漁民の歴史と生活』沖縄タイムス社, 一九九一年 七月.

岡本恵徳, 『現代文学にみる沖縄の自画像』高文研, 一九九六年.

高良勉, 『琉球弧 (うるま) の発信』お茶の水書房, 一九九六年.

島尻勝太郎選, 上里賢一注釈, 『琉球漢詩選』ひるぎ社, 一九九〇年.

入嵩西正治編著, 『八重山糖業史』石垣島製糖株式会社, 一九九三年.

牧野浩隆, 『再考沖縄経済』沖縄タイムス社, 一九九六年.

역자후기

　일본의 근대사 역사학자 아리마 마나부有馬学는 『제국의 쇼와』2002에서 '쇼와전전기昭和戦前期'의 일상성에 대한 분석의 곤란함에 대해서, 이 시기에 대한 많은 사람들의 이미지가 '전쟁'을 축으로 형성되어 있기 때문이라고 지적한다. 특히 우리들은 2, 3세기의 일본인이 지금과는 전혀 다른 자연관 및 종교관, 그리고 세계를 인식하는 사고의 틀이 존재했다는 사실을 이해하면서도 가까운 과거에 대해서는 이와 같은 원근법이 정상적으로 작동하지 못한다고 하며, 역사 연구에서 중요한 것은 '과거는 외국이다'라는 전제이며, 과거를 '이문화'로 인식하고 사유하는 '방법론적 귀화'를 강조한다.

　이 책의 저자인 하마시타 다케시 역시, 오키나와 및 동아시아에 대해서 우리들이 가지고 있는 인식의 틀을 기존의 국민국가 및 육역을 중심으로 형성된 주변으로서의 오키나와가 아니라, 류큐왕국 당시의 중국 및 동아시아의 지역과 해역을 둘러싸고 형성된 광역 질서와 그 다이너미즘을 중심으로 사유하는 '방법론적 귀화'를 시도하고 있다.

　근대 이후, 배타적인 국민국가의 획일적이고 균질화된 주권 아래로 포섭하려는 재해권의 사고가 작동하면서 지역 및 해역은 국가의 하위 개념으로 인식되어 왔고, 그 결과 이들 주변이 가지는 독자성과 이질성은 사유로부터 배제되었다. 오키나와 역시, 일본 편입1879과 미군 통치1945, 그리고 일본 복귀1972와 같이 근대 이후의 일미 간의 관계성 속에서 수동적이고 닫힌 공간으로 기술되는 경우가 많은데, 근대 이전의 해역에 집중하면 오히려 기존의 육역 중심의 관점에서는 포착할 수 없었던 역동적인 해역 네트워크가 부상한다. 하마시타 다케시는 지금까지 육역을 중심으로 형성된 사고, 즉 중앙과 지방, 중심과 주변, 종주권과 주권, 남과 북, 개와 폐, 관과 민의 관계를 전복시켜 동아시아·동남아시아의 해역 네트워크를 중심으로 상호 교섭적이며 유동적으로 변화하는 모습을 그려내고 있다.

류큐는 지정학적 측면에서 보면 남중국해 동쪽의 도서부를 따라 필리핀에서 술루에 이르는 교역로와 서쪽 대륙부 연안을 따라서 태국, 말라카로 이어지는 교역로와 연결되어 있고, 이곳을 통해 동아시아·동남아시아의 중국인계 상인뿐만 아니라 인도 상인, 이슬람 상인, 나아가 유럽 상인도 참가하는 이른바 해역의 연쇄를 확인할 수 있다. 류큐는 명대에 이르기까지 대만과 연결되는 일련의 연쇄 도서로 인식되었고, 동중국해와 남중국해를 둘러싼 중국과의 조공 시스템 속에서 자국에서 생산되지 않는 후추와 소목을 동남아시아 교역을 통해 입수해서 전해 주는 중계무역 네트워크를 구축하고 있었다.

특히 하마시타 다케시는 15세기부터 기술되어 온 류큐왕조 400여 년에 걸친 외교문서 『역대보안』의 편집 작업에 직접 참여한 경험을 토대로, 중국을 중심으로 한 류큐왕국과 외교관계를 맺은 동아시아 국가들이 조공관계 및 화이이념 하에서 하나의 유기적인 통일체를 이루는 광역지역 네트워크에 주목한다. 그리고 이러한 해역 네트워크는 지금까지 기록에는 존재하지 않는 다양한 인적·물적 이동의 흔적을 언어화할 수 있는 계기를 마련해 준다. 예를 들면 중국과의 조공관계는 정치적인 관계에 머무르지 않고 인적·물적 이동이 이루어졌고, 푸저우의 류큐관 및 류큐 구메무라의 '민인36성', 그리고 동남아시아 항구도시에 다수 형성된 중국계 집단의 거류지 등을 통해서 알 수 있듯이, 일본은 메이지 후반에 이민정책을 적극적으로 전개한 것으로 알려져 있지만, 근대 이전의 오래전부터 해역 네트워크를 따라 교역권과 이민권이 동시에 형성되고 있었음을 알 수 있다.

그리고 이와 같은 사고의 전환은 일본의 근대와 전후, 그리고 현대를 사유하는 다양한 힌트를 제공한다. 예를 들면 우리들은 일반적으로 근대 이전의 외국과의 교역은 나가사키 한 곳으로 이해하고 있지만, 해역의 관점에 주목하면 나가사키 이외에도 홋카이도 마쓰마에번의 아이누와의 루트, 쓰시마를 통한 조선과 규슈의 중계 루트, 사쓰마에 의한 류큐를 사이에 둔 중국과의 루트 등, 에도막부는 쇄국 하의 대외교역 개항지인 나가사키를 포함해서 총 네 곳의 창구를 통해 이루어지고 있었다.

또한 이러한 근대 이전의 해역 네트워크 및 류큐의 지정학적 위치를 생각하면, 미국이 일본의 개국을 위해 류큐 왕국과 사전에 접촉했다는 사실은 흥미롭다. 즉 동아시아·동남아시아 해역 네트워크를 중심으로 작동하고 있었던 조공체제 속에 있었던 류큐, 사쓰마 또는 에도막부 하에 있었던 류큐는 중국과 일본을 연결해 주는 중계지로 인식되어 있었다는 사실을 알 수 있다.

하마시타 다케시가 이 책에서 끊임없이 '류큐·오키나와'를 병기하는 이유 역시 여기에 있다고 볼 수 있다. 즉 역사적으로 해역의 관점에서 바라본 류큐 지역이 가지는 동아시아 역내 시스템의 다층적인 질서 관계 및 교섭 관계를 새롭게 상기함으로써, 중앙과 지방이 아닌 지구화와 지역화의 관계성 속에서 오키나와의 또 다른 다원성과 다양성, 그리고 포섭성을 가진 개방적인 다문화 시스템의 사유 가능성을 우리들에게 제시하고 있다고 할 수 있을 것이다.

역자를 대표해서
임상민